AFFAIRE

DE

M. LE MARQUIS DE FLERS

CONSEILLER RÉFÉRENDAIRE A LA COUR DES COMPTES.

Intelligences à l'Étranger et manœuvres politiques
ayant pour but de troubler la paix publique et d'exciter à la haine et au mépris
du gouvernement de l'Empereur.

PROCÈS RECUEILLI

PAR J. SABBATIER,
Directeur de la TRIBUNE JUDICIAIRE.

EXTRAIT DE LA TRIBUNE JUDICIAIRE.

PARIS

AUGUSTE DURAND, ÉDITEUR,

LIBRAIRE DE LA COUR IMPÉRIALE,
rue des Grès, 7.

1861

Audiences des 29 et 30 novembre 1861.

AFFAIRE DE M. LE MARQUIS DE FLERS

CONSEILLER RÉFÉRENDAIRE A LA COUR DES COMPTES.

Intelligences à l'Étranger et manœuvres politiques ayant pour but de troubler la paix publique et d'exciter à la haine et au mépris du gouvernement de l'Empereur.

M. le procureur général CHAIX D'EST-ANGE, assisté de M. l'avocat général CHARRINS, occupe le siége du ministère public.

Me DUFAURE est assis au banc de la défense.

RÉQUISITOIRE DE M. LE PROCUREUR GÉNÉRAL CHAIX D'EST-ANGE.

Messieurs,

Il faut d'abord, écartant toute équivoque et toute discussion inutile, vous bien signaler l'objet de la poursuite que nous avons cru devoir intenter contre M. de Flers et contre le sieur Landwehr.

Il ne s'agit pas, dans la cause, d'un délit de presse. Le délit commis par les prévenus ne comporte pas les mêmes éléments que le délit de presse; il est soumis à d'autres règles et gouverné par d'autres principes. Il s'agit, en effet, du délit prévu et puni par l'article 2 de la loi du 27 février 1858, que nous vous demandons la permission de remettre sous vos yeux:

« Est puni d'un emprisonnement d'un mois à deux ans, et d'une amende de 100 francs à 2000 francs, tout individu qui, dans le but de troubler la paix publique, et d'exciter à la haine ou au mépris du gouvernement de l'Empereur, a pratiqué des manœuvres, entretenu des intelligences, soit à l'intérieur, soit à l'étranger. »

De cet article, il résulte que le délit dont il s'agit se compose de deux éléments parfaitement distincts.

Il faut que celui qui est poursuivi en vertu de l'article 2 de la loi de 1858 ait entretenu des intelligences. C'est là le premier point.

Il faut, en second lieu, — car seul, ce premier fait serait indifférent, et complétement inutile pour l'application de la loi, — qu'il ait entretenu ces intelligences dans le but de troubler la paix publique, ou d'exciter à la haine ou au mépris du gouvernement de l'Empereur.

Voilà les deux éléments, c'est-à-dire les deux conditions essentielles du délit que nous avons à discuter et à prouver devant vous.

« Entretenir des intelligences. » Sur ces premiers mots de la loi, y a-t-il un doute possible? Le sens de ces mots est-il clair, précis, net, saisissable pour tout le monde, ou, au contraire, est-il vague, indéterminé, arbitraire, comme on a songé quelquefois à leur en faire le reproche? Au sein même du conseil d'État, à l'époque où l'on discutait l'article 76 du Code de 1810, — « quiconque aura pratiqué des machinations, ou entretenu des intelligences avec les puissances étrangères ou leurs agents, » — quelques orateurs, parmi lesquels se trouvait M. Defermon, soutenaient qu'il y avait là de l'incertitude, de l'arbitraire, et ils insistaient surtout sur le vague du mot de *machinations*. M. Berlier combattait cette opinion dans la séance du 12 octobre 1810, et démontrait que le sens de la loi était net et clair. Il expliquait ce que c'était que des machinations, des intelligences.

En conséquence, l'article fut maintenu, et le mot *intelligences* fut désormais consacré par la loi.

Nous avons tort de nous servir de cette expression « *désormais* ». Le mot était ancien déjà, et depuis longtemps employé dans le langage juridique. C'est ainsi que nous le retrouvons dans une ordonnance de 1563, qui punissait le fait de « pratiquer, *avoir intelligences*, envoyer et recevoir lettres » écrites en chiffres, écritures feintes ou déguisées, à l'étranger, pour choses » concernant à l'État. »

Nous trouvons les mêmes mots dans le Code pénal de 1791, et dans le Code de brumaire an IV.

Le Code pénal de 1791 disait :

« Quiconque sera convaincu d'avoir pratiqué des machinations ou entretenu des intelligences avec les puissances étrangères ou avec leurs agents, pour les engager à commettre des hostilités, etc..... »

De même, dans le Code de brumaire an IV.

L'expression : *entretenir des intelligences*, n'est donc pas nouvelle, et lorsqu'on attaquait les dispositions de l'article 76 du Code pénal, on les attaquait surtout à cause du mot *machinations*, dont le sens était moins précis, moins défini; et Carnot, qui interprétait le Code pénal dans un esprit si élevé et si libéral, Carnot adoptait le mot *intelligences*, comme représentant une idée nette et précise, et combattait seulement le sens vague et la portée indéfinie du mot *machinations*.

Ainsi dans la langue du droit, le mot *intelligences* est acclimaté depuis des siècles.

Dans le langage vulgaire, il est reçu, compris, employé par tout le monde, et personne ne s'imagine de faire une difficulté sur l'interprétation qu'il convient de lui donner. Lorsqu'on dit par exemple : « Tel capitaine a des intelligences avec la place assiégée, » on peut demander quelle est la nature de ces intelligences, mais il n'entrera dans la pensée de personne de dire: « Qu'est-ce que vous entendez par *intelligences?* » Lorsqu'on dit que tel héritier entretient des intelligences assidues avec un testateur, lorsqu'on le plaide à votre barre, personne ne s'est jamais imaginé de demander : « Qu'est-ce que des intelligences ? »

C'est donc là un mot reçu dans le langage vulgaire, accrédité dans le langage même du droit, qui ne peut souffrir aucun doute, aucune équivoque, et sur lequel aucune difficulté ne peut s'élever.

Voilà le premier élément : il faut avoir entretenu des intelligences soit à l'intérieur, soit à l'étranger.

Cependant le fait d'entretenir des intelligences est un fait par lui-même complétement innocent et dépourvu de toute culpabilité. La convenance a pu quelquefois y manquer par la nature même de la correspondance engagée. Mais enfin, par lui-même, par lui seul, le fait d'entretenir des intelligences n'est pas un fait répréhensible et puni par la loi.

Il était puni par les anciennes ordonnances. Il était encore puni par le Code pénal de 1791, et par la disposition de l'article 207 du Code de 1810, mais dans une espèce particulière, c'est-à-dire, dans le cas où il est interdit aux ministres des cultes d'entretenir avec Rome des correspondances, quels qu'en soient le but et la nature, pourvu que ces correspondances portent sur des matières religieuses.

Mais d'ailleurs, et à part ces exceptions anciennes ou nouvelles, c'est là un fait matériel, qui est le premier élément du délit, mais qui ne constitue pas le délit à lui seul. Il faut une seconde condition. Il faut, en effet, que ces intelligences soient coupables, et, pour qu'elles soient coupables, il faut, ce sont les termes de la loi que je rappelle encore à votre attention, qu'elles aient été entretenues dans le but de troubler la paix publique, ou dans le but d'exciter à la haine ou au mépris du gouvernement de l'Empereur.

Il y avait là, en effet, dans les lois existantes, une lacune qu'il s'agissait de combler. Celui qui, en France, trouble la paix publique, excite à la haine et au mépris du gouvernement de l'Empereur, est puni; mais si le même délit était commis à l'étranger par un Français, il n'était pas atteint par la loi. Il y avait là, cependant, un danger énorme. Un homme vivant sous la protection de la loi française, pouvait, par des exagérations, par des calomnies, par de fausses nouvelles, par des bruits habilement répandus au dehors, troubler la sécurité des gouvernements étrangers, et, par conséquent, troubler la paix publique. Il pouvait, par d'odieuses diffamations, par des calomnies, par des invectives, par des attaques de toute nature et de toute espèce, exciter, à l'étranger, à la haine ou au mépris du gouvernement de l'Empereur, et lui susciter ainsi des ennemis qui finiraient un jour par éclater partout contre lui. Il fallait atteindre de pareilles manœuvres, et c'est dans ce but que fut portée la loi du 27 février 1858.

L'utilité de cette loi n'a été méconnue par personne, et j'en trouve dans la discussion un témoignage que je demande la permission de mettre sous vos yeux. M. Ollivier, avec une grande sagacité, a demandé des explications sur le sens et la portée de la loi. M. le président du conseil d'État les lui a données. M. Ollivier n'en a pas été satisfait. Il a insisté, il a soutenu qu'il avait fait une question à laquelle il n'avait pas été répondu.

« J'avais demandé dans quel cas la loi serait applicable. Il m'a été répondu par une autre question : Est-il permis de provoquer à la haine et au mépris du gouvernement ? »

C'était là, en effet, ce qu'avait demandé M. le président du conseil d'État, en réponse à l'interpellation de M. Ollivier.

« On a demandé s'il était permis de provoquer à la haine et au mépris du gouvernement. Je réponds sans hésiter : Non, cela n'est pas permis dans les lieux publics, dans la presse, même (il va jusque-là), même au sein du foyer domestique quand l'intention est de commettre un délit prévu par la loi pénale. Mais la critique des actes du gouvernement, cette critique fût-elle amère, doit être libre entre amis qui échangent leurs pensées. »

Ainsi, suivant le loyal aveu de M. Ollivier, comme suivant les expressions mêmes employées par le législateur, il n'est jamais permis de troubler la paix publique, il n'est jamais permis d'exciter à la haine et au mépris du gouvernement de l'Empereur, et tout le monde est d'accord pour dire que de pareils actes, en quelque lieu et de quelque manière qu'ils soient commis, par des paroles proférées en public ou par la presse, à l'intérieur ou à l'étranger, doivent être sévèrement réprimés. C'est ainsi que s'explique et se justifie la disposition de l'article 2 de la loi de 1858.

Mais c'est ici, quand nous parlons de ce second élément constitutif du délit, que se présente une question plus difficile, plus compliquée, plus abstraite. Le premier élément est un fait matériel et facilement saisissable : « le prévenu a-t-il entretenu des intelligences ? » Mais le second élément est une question d'intention : « quelle a été sa pensée ? — qu'a-t-il voulu ? — dans » quel but a-t-il agi ? » C'est là une appréciation purement morale, et, il faut bien le dire, purement arbitraire, soumise souverainement à vos consciences, dont vous n'avez à rendre compte à personne, et qui résultera uniquement, non pas d'un fait positif et palpable, mais de l'appréciation intime de la correspondance engagée et des intelligences entretenues.

Personne, nous en avons l'espoir et la conviction, ne se trompera ici sur la portée de nos paroles, et c'est surabondamment que nous les expliquons. Non, nous n'avons pas l'intention de poursuivre la pensée. Nous savons qu'immatérielle et insaisissable, elle échappe à toute recherche et à toute action en justice, non-seulement parce que la preuve manquerait, non-seulement parce que ceux qui sont chargés de la vindicte publique ne pourraient pas aller la chercher dans le secret de la conscience; mais, parce qu'en effet, la pensée appartient souverainement à l'homme, qu'il est libre de la concevoir à sa volonté, et qu'alors même qu'il en fournirait la preuve sur l'interpellation de la justice par un aveu franc et sincère, il aurait le droit de dire aux magistrats : « Oui, j'ai eu telle pensée, et si je l'avais exécutée, j'aurais commis » un crime; mais, cette pensée, elle n'a pas pris de corps, je l'ai gardée dans » mon for intérieur, et je n'en dois compte qu'à ma conscience et à Dieu. » Lorsqu'au contraire l'intention vient animer le fait extérieur et saisissable, lorsque l'intention ne s'est pas seulement renfermée dans la pensée de l'homme, mais qu'elle s'est traduite au dehors, par un fait matériel, pour que vous sachiez si ce fait matériel est punissable, il faut, suivant l'expression de toutes les lois, de tous les jurisconsultes, de tous les moralistes, que vous scrutiez les reins et les cœurs, que vous descendiez au plus profond de la conscience, et que vous demandiez à l'homme qui a commis un homicide, s'il l'a commis volontairement; que vous demandiez à celui qui a entretenu des intelligences, si ces intelligences sont, en effet, coupables, si sa volonté a été criminelle, et s'il a agi dans le but, soit de troubler la paix publique, soit d'exciter à la haine et au mépris contre le gouvernement de l'Empereur.

Cette appréciation, messieurs, qui vous appartient souverainement, nous ramène dans le domaine des faits.

Et d'abord, M. le marquis de Flers a-t-il entretenu des intelligences soit à l'étranger, soit à l'intérieur? Il n'y a pas un doute possible sur le fait matériel. Vous pouvez prendre ses aveux; ils sont consignés dans les documents du procès. Il déclare dans ses interrogatoires, comme il l'a déclaré, du reste, à la barre même de la Cour, qu'en effet, il avait entretenu des intelligences à l'étranger, et qu'il les y entretenait depuis longtemps. Voici comment il s'exprime dans son premier interrogatoire : « Et, en réponse à nos diverses interpellations, M. de Flers nous a dit :

« Je suis âgé de cinquante-huit ans, je reconnais avoir fourni, pendant plusieurs années, à des journaux étrangers, notamment à la *Gazette d'Augsbourg*, à l'*Indépendance belge*, au *Journal de Genève*, etc., des correspondances politiques. Au mois de novembre dernier, par suite d'un avertissement que m'avait donné M. le président Barthe, j'avais pris l'engagement de cesser personnellement toutes ces correspondances. Aujourd'hui, en effet, c'est mon fils Camille qui transmet des correspondances politiques à divers journaux. Je reconnais néanmoins que pendant les absences de mon fils, j'ai rédigé et transmis pour lui des lettres aux journaux dont il est le correspondant. J'ai écrit, pendant ces derniers temps, à M. Berardi, de l'*Indépendance belge*, à M. Ader, du *Journal de Genève*, et à M. Peterman, à Dresde, employé d'un ministère, *lequel communique mes lettres à M. le Ministre des affaires étrangères de Saxe.* »

Ainsi, d'après son premier interrogatoire du 24 juillet, M. de Flers a donné ces correspondances jusqu'en 1860. Dans ses déclarations postérieures devant M. le conseiller instructeur, il a persisté dans ses aveux, mais en essayant de les modifier. Nous attendrons à cet égard ce qui sera plaidé en son nom, pour savoir si nous avons à y répondre. Il a déclaré que déjà en 1860 il s'était un peu moins occupé des correspondances, que c'était son fils Camille qui y prenait part; que, quant à lui, il en indiquait la substance, qu'il les revoyait, mais qu'à compter du mois de janvier, il ne s'en était plus occupé.

Vous verrez que les faits le démentent, et je ferai passer sous vos yeux des documents qui ne laissent, à cet égard, aucun doute.

Voilà donc ses aveux. Il était le correspondant du *Journal de Hambourg*, du *Journal de Genève*, de l'*Indépendance belge*, de la *Gazette des postes de Vienne*, de la *Gazette d'Augsbourg*, du *Journal de Dresde*, de la *Gazette de Leipzig*.

C'était un travail immense, et quand on voit les lettres qu'il écrivait et dont une a été saisie, on ne comprend pas qu'avec les devoirs de la charge qu'il

exerce, avec l'obligation d'entretenir ses relations du monde, et de les multiplier, il ait pu trouver le temps de suffire à un pareil labeur. Aussi, il fut
bientôt forcé de se faire assister, et sa maison devint une véritable agence. Il
prit un secrétaire : c'était M. Landwehr, que vous venez de voir et d'entendre, qui a d'autres excuses que M. de Flers, qui n'était pas le créateur de
cette agence, qui avait besoin de trouver des ressources dans son travail, qui
fut rencontré par M. de Flers et que M. de Flers a eu le malheur d'entraîner
à côté de lui sur ce banc.

Ainsi, sur ce premier point, sur ce premier élément du délit, nous ne pen-
sons pas qu'il y ait un doute possible. M. le marquis de Flers, il en convient
lui-même, a entretenu des relations à l'étranger.

Mais comment l'a-t-il fait, et dans quel esprit? Ses intentions sont-elles
coupables? A-t-il entretenu ces correspondances, dans le but de troubler la
paix publique ou d'exciter à la haine et au mépris contre le gouvernement de
l'Empereur? C'est là, maintenant, ce qui nous reste à examiner.

Interrogeons donc ces correspondances sur leur esprit, leur but, leur intention ; recherchons non pas un but douteux, non pas une intention vague, non
pas la mauvaise humeur d'un homme qui un jour se laisse aller à critiquer telle
ou telle mesure, non; mais voyons s'il n'y a pas là le parti pris, le parti irrévo-
cablement arrêté pour le passé, pour le présent, pour l'avenir, quels que
soient les actes du gouvernement, de critiquer, de blâmer, de calomnier et
d'inventer des bruits qui sèment partout la discorde, qui suscitent partout des
ennemis à la France, qui excitent partout au mépris et à la haine du gouvernement de l'Empereur. Il faut là-dessus des preuves nettes et précises, claires
et concluantes, et qui ne laissent aucun doute à vos consciences.

Le but de la correspondance est parfaitement indiqué dans la correspondance
elle-même. Elle avait deux objets. L'un était frivole, léger, méprisable ; c'était
de rapporter les commérages du monde , les anecdotes plus ou moins plai-
santes et les bruits de salons plus ou moins scandaleux, surtout lorsqu'ils
étaient hostiles aux fonctionnaires publics et qu'ils renfermaient contre eux
quelque attaque injurieuse. L'autre objet, plus grave, plus sérieux, plus important, assurément plus coupable, c'était d'instruire les gouvernements étrangers ; c'était de les éclairer, bien ou mal, et, la plupart du temps par des calomnies grossières, sur la pensée, sur les démarches, sur les intentions secrètes
du gouvernement français. A cet égard, ce n'est pas nous qui devons dire ce
qu'est cette correspondance — on pourrait croire que nous la voyons d'un œil
défavorable au prévenu, — non, mais nous allons en trouver la nature et le but
indiqués dans une lettre d'un des correspondants de M. de Flers, d'un M. Ca-
renbacher de Vienne. Voici ce qu'il écrit :

« Je reçois régulièrement vos excellentes lettres, et je vous en remercie. Permettez-moi, cependant, de vous proposer quelques changements : je remarque
que la Revue hebdomadaire ne correspond pas tout à fait au but que je désirais
atteindre. Il est impossible qu'il ne s'y glisse des choses déjà connues et publiées
par les journaux. Elles deviennent naturellement un peu longues, et je crois qu'il
vaudrait mieux que vous prissiez la peine de m'écrire plusieurs fois par semaine.

» L'important serait d'obtenir des renseignements intéressants sur tout ce qui
se passe, mais à mesure que les faits se produisent, faits Paris, faits politiques et

diplomatiques, faits quelque menus qu'ils puissent être. Je vous ferai observer, monsieur, que le public de Vienne est très friand de cancans diplomatiques, de causeries de salons, des faits et gestes des principaux personnages, *et de tout ce qui met à nu les ressorts de votre machine politique.* En un mot, il s'agit d'amuser un peu les badauds, ce qui ne doit pas exclure les hautes considérations sur les événements qui se passent en France, *ainsi que les aperçus qu'il vous sera facile de faire du haut de votre observatoire politique.* »

Il lui écrit encore :

« En vous exprimant tous mes remercîments pour vos charmantes lettres, *qui intéressent également le gouvernement et le public,* j'ai l'honneur de vous envoyer ci-joint un mandat de 600 fr., payable chez M. Marcuard et Compagnie. »

Voilà donc bien définis, bien arrêtés, non par nous, mais par ceux-là mêmes qui la recevaient, le but, l'intention, le caractère de cette correspondance. C'est d'abord d'amuser le public par des cancans diplomatiques et par des anecdotes sur les hommes qui composent le gouvernement français. C'est ensuite, c'est la partie la plus sérieuse et la plus grave, « c'est de mettre à nu les » ressorts de notre machine politique. »

Arrêtons-nous un moment ici. Qu'êtes-vous donc, M. de Flers? Quoi ! par vos relations, par votre position officielle, par les fonctions dont vous êtes revêtu, vous avez accès dans tous les salons : vous fréquentez particulièrement, c'est vous qui le dites, les hommes politiques et les diplomates : vous allez tous les soirs dans ces salons, et là, vous dressez votre observatoire : et là, au milieu de ces conversations animées ou intimes, vous prêtez l'oreille, vous provoquez les confidences : « N'y a-t-il pas quelque anecdote piquante? N'y » a-t-il pas quelque secret politique ? N'y a-t-il pas quelque indice qui puisse » faire découvrir les projets cachés du gouvernement ou mettre à nu les res- » sorts secrets de notre machine politique ? » Vous écoutez, vous faites parler, et vous avez le crayon à la main, et dès que vous êtes sorti, vous écrivez dans l'antichambre ce que vous venez d'entendre. Tout ce que vous avez pu saisir au passage, tout ce qu'on a cru peut-être vous confier sous le sceau du secret, vous le publiez partout dans les journaux, ou vous en instruisez les gouvernements étrangers, vous les éclairez sur ces desseins cachés, sur ces projets supposés de la politique française ; puis, vous tendez la main et vous recevez... 200 thalers ! Ah ! dans toutes les langues du monde civilisé, on peut traduire une pareille conduite. Partout on sait des mots pour la signaler et la flétrir ; et, si un homme sous les drapeaux se livrait à de pareilles manœuvres, s'il était saisi, s'il était convaincu, on le fusillerait comme un soldat, mais on le fusillerait par derrière comme un traître !

Voilà une première appréciation de cette conduite, voilà l'impression que nous en avons d'abord ressentie et qu'elle doit faire naître, j'en suis convaincu, dans l'esprit de tous les honnêtes gens, quels que soient leur parti, leurs opinions politiques, et, si vous le voulez, leurs entraînements.

Voyons maintenant quel est le véritable caractère de cette correspondance. Était-ce simplement une correspondance sympathique à tel ou tel parti, mais d'ailleurs impartiale et juste, sans passion et sans haine? Nous ne nous serions pas permis de demander à M. de Flers quelles sont ses opinions politiques. On en a le droit, et on en a le devoir peut-être dans ces sortes de causes, quand il faut juger l'intention, quand il faut savoir si elle est perfide et coupable, et rechercher si l'on a agi dans le but de nuire au gouvernement de l'Empereur ; et si la justice se taisait à cet égard, si elle ne portait pas sur ce point ses investigations et sa lumière, ce serait le prévenu lui-même qui dirait : « Comment ! on m'accuse d'avoir attaqué le gouvernement, mais j'en » suis le partisan déclaré ? » Et ainsi, il trouverait dans ses opinions sa justification, comme dans les opinions de M. de Flers, on pourrait trouver l'explication de son étrange conduite, de l'esprit de sa correspondance, et du but secret qui l'animait.

Mais c'est lui qui l'a dit ; il est hostile au gouvernement de l'Empereur, et il se rattache à un des gouvernements précédents. Nous croyons qu'il se vante et que s'il a une opinion, c'est de calculer ce que rapportent les correspondances politiques.

Sur la portée, l'esprit, le but de ces correspondances, quelques réflexions rapides pourront peut-être vous éclairer, sans même qu'il soit besoin de vous en citer des passages, et de vous fatiguer de lectures inutiles.

M. de Flers est le correspondant d'un grand nombre de journaux étrangers. Quel est leur esprit ? Ils sont tous hostiles à la politique du gouvernement français, tous hostiles à la personne de l'Empereur, tous hostiles à toute espèce de mesures qui sont prises en France par le gouvernement français. Est-ce l'effet du hasard ?

S'il était, d'ailleurs, tenté de dire qu'il ne partage pas les opinions politiques des journaux dans lesquels il écrit des correspondances politiques, ce qui serait assurément la chose la plus singulière, nous lui répondrions par une lettre que lui adressait, le 16 mars 1855, M. Hermann Orges, directeur de la *Gazette d'Augsbourg* :

« Monsieur le marquis,

» J'ai eu beaucoup de plaisir à recevoir votre première lettre, après le grand silence que vous avez gardé. La *Gazette d'Augsbourg* tient beaucoup à cette correspondance, *parce que vos idées sont les mêmes que les nôtres ; et malgré tous les succès momentanés, vous restez convaincu* que jamais un gouvernement basé sur un acte de la plus grande immoralité, représenté dans sa majorité par des hommes suspects, ne peut fonder pour un peuple un avenir assuré, surtout par une corruption systématique. »

Il y a mieux. Nous trouvons dans les documents de la cause quelque chose qui d'abord confond, mais dont on n'est plus surpris quand on a jeté les yeux sur ces correspondances, et qu'on a vu l'esprit de haine, de dénigrement, de mensonge, de perpétuelle calomnie qui l'anime.

Les journaux auxquels il s'adresse, et qui sont hostiles au gouvernement français, se croient néanmoins en droit de le rappeler à la modération. C'est ainsi que M. Wiessner, le conseiller aulique de la cour de Saxe, le représentant du *Journal de Dresde*, l'intermédiaire entre les correspondants étrangers et le ministre des affaires étrangères, M. de Beust, ainsi que vous l'avez vu dans le premier interrogatoire de M. de Flers, — M. Wiessner lui fait remarquer que le *Journal de Dresde* est un journal quasi-officiel, et qu'à raison de son caractère, il ne peut y insérer ses lettres. Il lui fait ailleurs un reproche de ce que sa correspondance entre trop dans le domaine des personnalités. Voilà la leçon de moralité publique et privée qu'il reçoit de Dresde, d'un homme qui ne passe pas pour ami du gouvernement français ni des agents dévoués à sa politique.

Il y a même, dans cette correspondance avec le *Journal de Dresde*, un exemple remarquable de l'esprit dans lequel écrivait M. de Flers. C'était le lendemain du jour où l'archevêque de Paris, monseigneur Sibour, était mort assassiné. Son sang, qui avait rougi le pavé de son église, n'était pas encore lavé. L'église n'avait pas encore, par les cérémonies saintes, été purgée de ce crime et rendue solennellement au culte; et il y avait, dans la mort de ce prélat, et, je puis dire, de ce martyr, quelque chose de si subit, de si étrange, de si extraordinaire, que le public en était encore saisi d'épouvante et d'horreur. M. de Flers écrit à M. Wiessner, à la *Gazette d'Augsbourg*, pour insulter à la cendre de monseigneur Sibour. M. Wiessner lui répond poliment pour le rappeler à la pudeur, pour l'engager à se calmer, à s'adoucir, à se montrer plus modéré dans les lettres qu'il lui adresse. Il ajoute ces mots significatifs : « C'est dur, je le sais (il connaissait bien la nature et l'esprit de son correspondant), c'est dur, je le sais, mais c'est de rigueur. »

Voulez-vous un autre indice du véritable caractère de ces correspondances ? c'est le mystère dont on les entoure; ce sont les précautions qu'on prend pour les faire parvenir en ne les remettant qu'à des gens sûrs ; c'est la crainte qu'elles ne tombent en des mains étrangères.

« Je vous remercie de vos communications confidentielles (lui écrit-on à la date du 7 avril 1850), et que vous m'avez fait parvenir par un homme sûr. »

Son correspondant de Vienne s'absente-t-il, il s'empresse de l'en informer et de lui dire :

« J'ai l'honneur de vous prier d'écrire seulement les choses pour les journaux, *et rien de particulier pour moi*, jusqu'à ce qu'une seconde lettre de moi vous informe de mon retour à Vienne. »

Un peu plus tard, ce même correspondant part pour Londres, et comme M. de Flers manifestait des inquiétudes sur le sort de ses lettres, il lui écrit :

« Vous pouvez supposer que l'homme à qui je confie le droit d'ouvrir toutes les lettres qui viennent sous mon adresse, doit être *sûr comme le tombeau* : écrivez donc et ne vous gênez en rien. »

Celui-là ne lui donnait pas des leçons de modération ; il l'encourageait et ajoutait qu'il serait heureux de tout ce qu'il recevrait.

Voulez-vous une preuve nouvelle que nous trouvons dans les pièces? On a saisi chez M. de Flers deux séries de chiffres : l'une pour sa correspondance avec l'*Indépendance belge*, l'autre pour sa correspondance avec la *Gazette d'Augsbourg.* Sous l'ancien régime, cela aurait suffi pour perdre M. de Flers. Nos vieilles ordonnances défendaient d'entretenir avec des puissances étrangères des correspondances en chiffres, et condamnaient, pour ce fait seul, dépourvu d'ailleurs de tout autre caractère punissable. Pour nous, messieurs, de pareils indices ne nous suffisent pas pour condamner un accusé ; mais ils ne nous laissent aucun doute sur sa moralité et sur ses intentions.

Pourquoi, en effet, ces précautions, si les lettres sont innocentes, si M. de Flers sent qu'elles peuvent être hautement avouées, et qu'il n'a rien à craindre?

« Dans un cœur innocent, d'où naît cette terreur ? »

C'est qu'il avait conscience de la culpabilité de ces correspondances, et les précautions de toute nature qu'il prenait en fournissent d'irrécusables preuves.

Faudra-t-il, après avoir fait passer ces présomptions sous vos yeux, entrer dans l'examen détaillé de tous les articles envoyés à tous ces journaux italiens, belges, suisses, allemands? Faudra-t-il salir l'audience de toutes ces révélations mensongères répandues dans toutes les feuilles de l'Europe contre le gouvernement français ? Il suffira sans doute de lire quelques-uns de ces articles. Je les prendrai, si vous voulez le permettre, dans le *Journal de Genève*, parce que M. de Flers, il l'avoue dans son premier interrogatoire, en a été le correspondant en titre jusqu'au mois de décembre 1860. Or, quel est l'esprit du *Journal de Genève?* C'est le plus hostile du monde au gouvernement français et à son chef. Il n'y a pas de jour qu'il ne contienne des attaques violentes sur la marche, l'esprit, les idées et les actes du gouvernement français. En voulez-vous une preuve saisissante?

Nous avons là la collection du *Journal de Genève* depuis le 15 du mois d'août jusqu'au 1er décembre 1860, c'est-à-dire à l'époque où, suivant sa propre déclaration, M. de Flers en était le correspondant. Vous savez peut-être, si vous jetez quelquefois les yeux sur les feuilles étrangères parvenant en France, la tolérance dont use vis-à-vis d'elles le gouvernement français. Cependant, il faut vous le dire, sur quatre-vingts numéros à peu près, dont se compose, depuis le 15 août jusqu'au 1er décembre, la collection d'un journal qui ne paraît pas tous les jours, il y en a eu quarante-neuf arrêtés à la frontière, parce qu'ils étaient d'une telle hostilité, d'une violence telle, qu'il était impossible de les laisser circuler en France. Mais qu'est-ce donc qui y était à ce point hostile ? Vous le comprenez à merveille, c'était la correspondance de Paris ; ce n'étaient pas les nouvelles de Berne, de Vienne ou de Turin. Que disait donc la correspondance de M. de Flers pour être ainsi arrêtée presque chaque jour à la frontière ?

Tenez ! j'en ai pris, je ne dirai pas au hasard, quelques passages que je veux signaler à votre attention.

S'il y a une qualité que généralement on accorde à l'Empereur, c'est le courage, c'est la confiance excessive avec laquelle il brave tous les périls, comme s'il ne les voyait pas, ou n'y voulait pas croire. C'est ainsi qu'il va seul, sans escorte, sans compagnon, à pied, dans les rues, dans les promenades publiques, au milieu de la foule, montrant partout et en toute occasion un visage tranquille, une âme à l'abri de la crainte, et une confiance que rien ne peut ébranler. On n'y peut songer sans émotion, et combien de traits ne pourrais-je pas rappeler ici ! C'était, par exemple, au milieu des inondations : une ardoisière tout entière avait été envahie, et l'Empereur, accouru au lieu du danger, voyait, au sein des eaux qui les menaçaient de toutes parts, des malheureux isolés, abandonnés, qu'il fallait consoler et secourir. — On lui disait qu'ils lui étaient hostiles, que c'étaient des ennemis de son gouvernement et de sa personne, que c'étaient des socialistes, et qu'il fallait s'en méfier. Cependant, il commandait une barque ; seul, avec deux rameurs, il allait vers cette foule assemblée, et quand elle le vit, là, au milieu de cet océan subit dont elle était entourée, quand elle vit son Empereur qui venait se confier à elle, alors, comme elle appartenait à une nation généreuse, un cri unanime sortit de tous les cœurs et salua ce trait de courage et de confiance.

Je le répète, c'est là une qualité que ses ennemis eux-mêmes reconnaissent à l'Empereur. Eh bien ! voici ce que contient la correspondance du *Journal de Genève :*

« A propos des fêtes pour la réception de l'Empereur à Nice, les arrestations ont été si nombreuses que la prison de la ville est pleine. On a eu peur d'une manifestation de sifflets, etc. Tout le monde sait que le faubourg de Nice se compose de villas, et que de longs murs enferment les jardins qui donnent sur la route. Il a été défendu aux propriétaires de monter le long de ces murs, même à l'intérieur, et on leur a prescrit de surveiller les personnes qu'ils recevront chez eux. On a, de plus, interdit la circulation sur toute la route parcourue par le cortége. La plus grande surveillance est exercée sur les étrangers, et deux cents d'entre eux, environ, ont reçu l'ordre de quitter la ville. Nice est toute envahie par la police. Il paraît qu'il y a beaucoup de mécontents dans ce pays, et que l'unanimité si vantée par les journaux n'existe pas plus aujourd'hui qu'elle n'existait déjà au mois d'avril. »

Et dans ce même numéro (12 septembre 1860) :

« L'accord le plus complet règne évidemment entre l'Empereur et le Piémont, et tout le monde est convaincu qu'il existe entre eux un arrangement secret. Je vous ai déjà dit de quelle nature pouvait être cet arrangement et par quelles concessions (Ligurie, Sardaigne, île d'Elbe cédées à la France), le Piémont était censé l'acheter. Je n'ai rien à ajouter aux renseignements que je vous ai transmis à ce sujet, et je laisse à votre correspondant de Turin le soin de vous renseigner plus complétement à cet égard. Vous saurez seulement qu'une personne qui revient de l'île d'Elbe me dit que les habitants de Porto-Ferrajo s'attendent à être Français d'ici à la fin de l'année. »

Voilà l'esprit qu'il suppose au gouvernement français, et qu'il signale à l'Europe pour exciter partout contre nous l'inquiétude, la défiance et la haine.

Dans un autre article, il raconte que l'Empereur a dit qu'il entendait protéger le Pape, et que si le Pape quittait Rome, il voulait le sauver malgré lui.

« Encore, ajoute-t-il, s'il ne s'agissait que d'excentricités, si la politique en vigueur n'avait pas de plus terribles conséquences que d'exciter au rire ou de faire hausser les épaules..... »

Voici enfin un article dans lequel il suppose qu'il vient de recevoir une lettre de Milan :

« Telle me paraît être la situation en gros des affaires, au moment où je vous écris (il fait de la situation des affaires la peinture la plus effrayante du monde). Qui sait ce qu'elles seront demain? Lisez, en effet, ce post-scriptum d'une lettre d'affaires arrivée aujourd'hui de Milan : « Nous sommes à la guerre jusqu'au cou, si les Autrichiens se remuent sur le Pô-Modène, cela n'étonnera personne. Les étrangers qui passent par Milan en revenant d'Allemagne croient que Napoléon est perdu. Les lettres anglaises inquiètent. »

Je ne veux pas, par des citations multipliées, vous faire perdre un temps précieux. L'esprit de cette correspondance est partout le même. Tous ces journaux, d'ailleurs, passeront sous vos yeux : et ce que les présomptions si graves qui se rencontrent dans cette affaire indiquaient d'avance, ce que les passages que je vous ai lus vous ont déjà démontré, deviendra pour vous plus évident encore, et la culpabilité de M. de Flers vous apparaîtra plus claire que la lumière du jour.

A-t-il voulu, en effet, exciter à la haine ou au mépris du gouvernement de l'Empereur ? A-t-il voulu troubler la paix de l'Europe ?

Toujours vous le voyez représenter la politique impériale comme une politique d'envahissement et de conquête. — Ici, il représente l'Empereur convoitant la Ligurie, la Sardaigne, l'île d'Elbe, et préparant leur réunion à la France. — Là, il le montre visitant Saint-Cyr, et s'arrêtant complaisamment devant une carte de France, avec ce qu'on appelle ses frontières naturelles. Chaque jour, il renouvelle ces insinuations, ces fausses nouvelles, ces accusations mensongères, qui n'ont d'autre but que d'agiter l'esprit public, de réveiller en Europe les passions antifrançaises, d'exciter les soupçons, les jalousies, les haines, de provoquer des armements, de jeter, enfin, l'inquiétude et le trouble dans le commerce qui a besoin surtout de paix, de sécurité et de confiance.

Il s'agit de savoir s'il n'a pas voulu troubler la paix publique ? En vertu des ordres réguliers du préfet de police, on a saisi à la poste deux lettres de M. de Flers et un reçu. Pour le besoin de sa cause, M. de Flers dit à l'audience qu'il n'a pas continué la correspondance jusque dans ces derniers temps ; mais, lorsqu'on s'est transporté chez lui, on l'a trouvé debout, dans son cabinet, dictant à son secrétaire une correspondance. Il prétend qu'il a cessé d'écrire depuis le mois de décembre 1860. Mais, ce reçu qu'on a saisi à la poste, de qui est-il signé ? De son fils qui aurait pris sa place, du comte Camille ? Du tout ; il est signé du marquis de Flers. Le voici :

« Je reconnais avoir reçu de M. Wiessner, la somme de quatre cent quatre-vingt-trois francs soixante-quinze centimes, pour le prix des correspondances adressées à Dresde pendant le deuxième trimestre qui est écoulé.

» Paris, 20 juillet 1861.

» *Signé* marquis DE FLERS. »

Qui est-ce qui écrit, en effet ? C'est lui. Des deux lettres arrêtées à la poste, l'une qu'il a dictée à son secrétaire, porte un post-scriptum et des annotations de sa main, notamment celle-ci : « Farini doit être déjà arrivé à Munich » l'autre, elle est de sa main tout entière, et vous allez en apprécier le caractère et la portée.

Il s'agit de savoir s'il veut troubler la paix publique ? — Voici ce qu'au moment même de la saisie, il écrit à M. Wiessner :

« Voilà la quittance pour le trimestre échu (c'est celle que je viens de vous lire). Nous sommes dans un vrai gâchis, mais l'Empereur persiste dans sa politique et rêve la réconciliation du Pape et de Victor-Emmanuel. M. Pietri, son bras droit, a établi son quartier général en Corse pour continuer ses intrigues françaises en Sardaigne. Vous avez vu, au surplus, par les discussions du parlement anglais, combien on est inquiet de tout cela en Angleterre. »

Ainsi, c'est là la politique de l'Empereur ; il veut agrandir ses États : il veut refaire la carte de l'Europe et réviser complétement les traités de 1815 : il veut avoir la Sardaigne, et il envoie en Corse M. Pietri, *son bras droit*, qui y noue des intrigues françaises afin de consommer cette annexion. Il pense, (je ne veux pas multiplier les citations), il pense aux îles Baléares, il déclare à la reine Marie-Christine qu'il les lui faut, et qu'en échange, il donnera quittance des cent millions que l'Espagne doit à la France. Il est, je pense, inutile de discuter plus longtemps la culpabilité de ces correspondances.

Il y a cependant une circonstance qui, à notre avis, aggrave, et de beaucoup, la situation de M. de Flers : ce sont les deux avertissements à la fois disciplinaires et politiques que, de son propre aveu, il a reçus.

Avec l'autorité qui lui appartient, le chef de la grande compagnie dont M. de Flers avait l'honneur de faire partie, l'a fait comparaître et lui a fait entendre, en 1859, qu'il ne devait pas continuer ce métier de correspondant. M. de Flers n'en a tenu compte. M. le président Barthe l'a fait comparaître de nouveau à la fin de novembre 1860, et lui a répété qu'il devait cesser d'écrire pour les journaux étrangers. M. de Flers l'a promis, et a continué. Ainsi, double avertissement inutile, persévérance constante, impénitence finale qui devait aboutir enfin à une poursuite judiciaire. Il a beau dire qu'à compter de cette époque, bien qu'il ait fourni les éléments de la correspondance à son fils, bien qu'il ait corrigé les lettres, c'est son fils, qui, depuis décembre 1860, doit en avoir la responsabilité. Vaine assertion, démentie par toutes les pièces du procès. C'est lui qui a écrit les deux lettres saisies à la poste ; c'est lui qui dictait les lettres saisies dans son domicile ; c'est lui qui envoyait la quittance du trimestre échu, parce que c'est lui, en effet, qui recevait le salaire du labeur auquel il s'était livré : et voilà comment il a tenu la promesse qu'il avait faite à M. le président Barthe !

Est-il bien vrai que ce soient, comme il le dit, ses opinions politiques et l'esprit de parti qui l'aient entraîné dans ces excès coupables, et qui l'aient aveuglé sur le véritable caractère de ses correspondances ? — Mon Dieu ! je le voudrais. C'est vrai, dans les fautes, dans les délits qui se commettent sous l'empire d'une foi ardente et sincère, d'une conviction profonde, d'une religion aveugle, mais que rien ne peut ébranler, il y a quelque chose que le mépris n'atteint pas. Quand un homme a poussé la passion politique jusqu'à porter atteinte à l'ordre public, la loi le punit, le magistrat le frappe, mais il le frappe avec regret, avec pitié, avec douleur, et quelquefois, dans ce crime même, commis par une tête égarée et dans l'exaltation d'une pensée qu'on croit salutaire, il y a une sorte de grandeur.

Est-ce sa foi politique, est-ce une passion ardente et désintéressée qui a entraîné M. de Flers, et qui explique cette conduite cachée, pleine de mystères et de mensonges? Non, non, l'esprit de parti n'a pas de pareilles allures. Et tenez il y a au procès un document qui nous paraît étrange.

M. de Flers a été l'ami du comte de Cavour, de cet homme d'État que le Piémont regrette, et qui aura du moins un grand mérite aux yeux de la postérité, — c'est d'avoir été l'apôtre ardent, le défenseur infatigable de la grandeur et de la fortune de son pays, et d'avoir voulu, par tous les moyens, par toutes les voies, l'élever au rang de grande puissance. M. de Flers a été son ami, et en effet, on a saisi chez lui des lettres écrites par M. de Cavour. Eh bien ! il voulait être en même temps l'ami du feld-maréchal comte de Radetzky. Il voulait sacrifier à ces deux autels à la fois, au vrai Dieu et à Baal, et je trouve une lettre ancienne dans laquelle on lui écrit de Vienne :

« Concernant la correspondance de l'Italie, j'écris ce jour même au feld-maréchal comte de Radetzky, sur ce sujet, je lui communique votre adresse, et comme il a plusieurs journalistes à sa disposition, je ne doute pas qu'il ne profite de l'occasion de faire parvenir aux journaux français, et à l'*Indépendance*, des renseignements par votre bienveillante médiation. »

Il était le correspondant de celui-ci et le correspondant de celui-là. Il voulait, par la protection de M. de Cavour, alimenter les journaux de Turin, mais il aurait voulu alimenter aussi les journaux français et belges, des communications du maréchal Radetzky. De telle sorte qu'en définitive, pour quiconque veut mesurer M. de Flers à sa juste valeur, et le voir sous son vrai jour, il n'y a pas ici d'esprit de parti, il y a une misérable spéculation; il n'y a pas de conviction profonde, il y a l'amour de l'argent, le désir du gain, la soif du lucre; et tandis que nous le voyons, dans des documents qu'il est inutile de faire passer sous vos yeux, se jeter dans des entreprises de toute nature, dans des spéculations de toute espèce, demander ici un réseau de chemins de fer, demander là une concession de mines, nous le voyons se livrant, à propos de cette correspondance, dont vous connaissez maintenant le véritable caractère, et dont vous pouvez apprécier le but, nous le voyons se livrant à un déplorable marchandage : ainsi, nous trouvons au dossier, le brouillon d'une lettre autrefois corrigée par lui, et envoyée à la *Gazette d'Augsbourg :*

« Monsieur, j'ai reçu, le 20 juillet (il avait mis : *votre lettre*; il n'a pas osé le maintenir), *la lettre de la librairie*, en date du 1er de ce mois; (il a compris qu'il ne pouvait pas traiter avec son correspondant ordinaire, pour débattre une misérable question de francs et de centimes, et il s'est adressé à la librairie.) « J'ai reçu, le 20 juillet, la lettre de la librairie, en date du 1er de ce mois. Elle ne m'est parvenue qu'avec un retard de dix-neuf jours ; le billet de 795 fr. qui s'y trouvait m'a rassuré sur ce retard tout à fait inexplicable.

» Le compte qui accompagne votre lettre contient une erreur.

» La librairie a oublié une lettre du 31 mai (datée de Paris sous le n° 44) et deux lettres des 28 et 30 juin (nos 55 et 56), qui, toutes les trois, ont été insérées dans le journal. Je vous prie de faire contrôler mon assertion, et de vouloir bien établir cette rectification au prochain compte. Je vais continuer, ainsi que je me suis engagé avec M. Kolle, ma correspondance jusqu'à la fin de ce mois de juillet. Je comptais n'écrire que de loin en loin pendant le mois d'août et ne reprendre ma correspondance qu'au mois de septembre ; mais, d'après la lettre que vous m'avez fait l'honneur de m'écrire, je cesserai, quoique avec un vif regret, de travailler pour votre journal. J'écrivais dernièrement à MM. de la rédaction, à Augsbourg, que je trouvais le prix de 15 fr. beaucoup trop faible, et que si je ne réclamais pas 20 francs par lettre, c'était par concession.

» La librairie m'a fait l'honneur de m'écrire que vous songiez à l'avenir à réduire le prix à 10 francs, par lettre. Il m'est impossible d'accepter une pareille rémunération qui ne représenterait pas le prix de mon travail.

» Agréez donc, etc.

» Signé marquis DE FLERS. »

Alors, M. Hermann Orges lui répond d'Augsbourg une lettre qu'il est inutile de vous lire tout entière, et dans laquelle il lui dit :

« Soit, on vous donnera, par lettre, les 15 francs que vous demandez, et la librairie ne va pas s'arrêter pour une différence si indifférente. »

Voilà les marchandages dans lesquels il était jeté. Voilà pourquoi il faisait ses correspondances, recevant à Turin 200 fr. par mois ; à Vienne, 200 fr. par mois ; à Bruxelles, 30 centimes par ligne ; à Genève, pour les belles choses que vous savez, 2000 fr. par an, — ce qui vaudrait davantage ; — à Hambourg, à Dresde, à Leipzig, de 10 fr., — car il écrivait quelquefois à 10 fr. — de 10 à 15 fr. par lettre. Voilà sa passion politique, voilà ce qui l'anime, voilà ce qui lui met la plume à la main !

Quand on est affligé par un pareil spectacle, on se demande : est-ce la misère, cette grande excuse qui n'est pas légale sans doute, mais que toutes les consciences comprennent, est-ce la misère qui l'entraîne, chargé de famille, à de semblables extrémités, à des trafics si honteux, à des spéculations si basses ? La misère ? non ; vous savez, et c'est ce qu'il y a de plus triste pour nous dans cette affaire, vous savez ce qu'il est, la position qu'il occupe et comment la juste rétribution d'un travail honorable le met au-dessus de toutes les tentations de ce genre. C'est un fonctionnaire d'un ordre élevé, c'est un magistrat de Cour souveraine qui s'est, sans nécessité, livré à des actes qu'aucune nécessité ne saurait justifier.

Un grand écrivain dont l'Angleterre déplore la perte, Macaulay, a écrit la biographie de quelques hommes célèbres de la Grande-Bretagne, celle notamment de l'évêque de Rochester, Atterbury. Il nous montre ce prélat à l'esprit turbulent, fatigué par les factions et les trahisons, il nous le montre infidèle à la cause qu'il avait promis de servir par un serment solennel, et nouant avec le Prétendant des intelligences coupables.

« Ce fut, dit Macaulay, à la date de 1717, qu'il commença à correspondre avec ce Prétendant. La première lettre de cette correspondance existe, et, dans cette lettre, Atterbury se vante d'avoir, depuis plusieurs années, servi la cause jacobite. Ma prière de chaque jour, dit-il au Prétendant, est pour le succès de votre cause. Puissé-je vivre pour voir ce succès, et cesser de vivre, le jour où je devrais renoncer à y concourir ! »

L'historien trouve là une leçon morale et il dit :

« Il faut se souvenir que celui qui écrivait ainsi était un homme appelé, par devoir, à donner l'exemple de la plus stricte probité à l'Église dont il était un des dignitaires ; qu'il avait prêté serment à la maison de Brunswich, et qu'il avait abjuré Jacques III, « sans équivoque ou réserve morale, » comme le portait alors le texte du serment. »

L'homme dont il s'agit ici n'a pas envoyé à un Prétendant des témoignages d'estime, d'affection, de dévouement, de sympathie, d'espérance. Non, il a écrit dans toutes les feuilles de l'Europe, il les a remplies de sa haine, noircies de ses calomnies, empoisonnées de ses mensonges. Lui aussi, il a prêté serment ; il est aussi un des dignitaires de cette grande Eglise et de ce solennel sacerdoce qu'on appelle la magistrature. Il porte la robe du magistrat, il est un des prêtres de cette religion sainte, et s'il n'est pas appelé comme vous, au devoir de rendre la justice au peuple, de rendre à chacun ce qui lui appartient, il est un des dépositaires de la fortune publique, un des contrôleurs souverains de son administration. Ainsi, il devait à tous l'exemple d'une probité plus sévère et d'une plus grande fidélité à la religion du serment.

Je le sais, il y a des hommes, malheur à eux! qui en font bon marché. Ecoutez comme en parle, à l'occasion de la trahison d'Atterbury, un autre écrivain anglais, lord Stanhope.

« Les exemples de ce genre ne sont que trop communs dans tous les pays. Le serment prêté au roi Georges n'excluait pas tous les jacobites du parlement. Le serment prêté au roi Louis-Philippe n'exclut pas tous les carlistes des chambres françaises. Il y a plus, l'esprit de faction peut dénaturer si bien les vrais principes qu'une telle violation de la bonne foi n'est pas seulement excusée, mais même louée par le parti qu'elle sert. Ainsi donc, les jacobites approuvaient leur chef, M. Schippen, ce digne patriarche, disaient-ils probablement, qui a eu le courage de jurer contre sa conscience, pour servir la bonne cause. »

Il faut que tous ceux qui ont une conscience dans le monde, quels que soient leur drapeau, leur patrie, leur religion, soient d'accord en ce point qu'il y a au moins un terrain neutre sur lequel les honnêtes gens doivent se rencontrer, c'est le respect de la probité, c'est le respect de la foi due au serment, c'est le mépris de l'homme qui, revêtu par le gouvernement d'une fonction élevée, qui, appelé à l'honneur de la magistrature, renie son serment, et qui, dans un intérêt d'argent, dans un but mercantile, pour je ne sais quels misérables profits, s'est jeté dans les manœuvres qui vous sont déférées et que vous n'hésiterez pas à punir sévèrement !

Nous requérons qu'il plaise à la Cour déclarer M. de Flers coupable du délit prévu et puni par l'article 2 de la loi du 27 février 1858, et quant à M. Landwehr, déclarons nous en rapporter à la sagesse de la Cour.

PLAIDOIRIE DE Mᵒ DUFAURE.

Messieurs,

Quelle que soit la gravité de la prévention dirigée contre M. le marquis de Flers, je dois me féliciter de ce qu'elle a perdu des proportions qu'on lui donnait à l'époque où, pour la première fois, M. de Flers a été averti de l'intention qu'on avait de le poursuivre. Les bruits les plus étranges s'étaient alors répandus. M. de Flers était en communication avec des souverains étrangers et leur avait livré des secrets importants pour la France. Un complot qu'on appelait complot orléaniste, avait été tramé, et M. de Flers en était l'âme. Les accusations les plus étranges paraissaient se préparer contre lui. Grâce au ciel, l'examen de la procédure, des pièces saisies, les interrogatoires que M. de Flers a subis sous la direction d'un de vous, messieurs, enfin l'attention très particulière que M. le procureur général a apportée à cette affaire, ont dissipé tout ce qu'il y avait de si grave dans les bruits répandus contre mon client et dans les menaces qu'il avait entendu prononcer. Il n'y a plus de correspondance avec des souverains étrangers ; il n'y a plus de secret de la France trahi, il n'y a plus de complot. M. de Flers est seul avec son secrétaire, poursuivi devant vous.

Néanmoins M. de Flers ne peut pas se dissimuler tout ce qu'il y a de pénible dans une poursuite de cette nature. Lui, magistrat d'une cour souveraine, il devient tout d'un coup prévenu. Il descend du siége qu'il a le droit d'occuper, qu'il occupe tous les jours, pour paraître comme simple accusé à votre barre, et M. le procureur général le disait très bien tout à l'heure, sans avoir le droit de se présenter comme la victime d'une cause politique, le martyr de son dévouement à un parti. Non, dans tous les documents que j'aurai à rappeler, dans tout ce qui est émané de la plume de M. de Flers, vous ne trouverez rien qui signale l'homme de parti. Vous ne trouverez rien non plus qui autorise à dire que M. de Flers ait manqué à son serment, je m'attacherai à le démontrer tout à l'heure. Mais auparavant je suis heureux de m'associer

2

à l'opinion de l'illustre Macaulay et aux paroles de M. le procureur général, pour flétrir avec eux, et pour couvrir de toute la profonde indignation que j'éprouve, quiconque, dans le cours de sa carrière, a manqué au serment qu'il avait prêté. (*Applaudissements.*)

M. LE PREMIER PRÉSIDENT. — Si cette manifestation se reproduit une seconde fois je ferai évacuer l'auditoire.

Mᵉ DUFAURE. — Je ne dis qu'une chose très-simple et sur laquelle je suis heureux d'être d'accord avec M. le procureur général.

J'ai à me demander, comme vient de le faire l'éloquent organe de la prévention, quelle est la loi en vertu de laquelle M. de Flers est poursuivi, quel est le sens de cette loi, quelle peut en être la portée, et je rechercherai ensuite si, à un degré quelconque, elle peut lui être applicable.

M. le marquis de Flers a le malheur d'être, si je ne me trompe, le premier contre qui soit demandée aux tribunaux l'application de la loi du 27 février 1858, non pas que les dispositions qui permettent de frapper administrativement les condamnés pour certains délits n'aient été déjà maintes fois appliquées, mais quant à son application directe par la justice, quant à la punition judiciaire des délits que cette loi a créés et qui n'existaient pas avant elle, je dis que c'est contre M. de Flers qu'elle est requise pour la première fois. On invoque contre lui les articles 2, 4 et 5.

Voici les termes de l'article 2 :

« Est puni d'un emprisonnement d'un mois à deux ans, et d'une amende de 100 francs à 2000 francs, tout individu qui, dans le but de troubler la paix publique, et d'exciter à la haine ou au mépris du gouvernement de l'Empereur, a pratiqué des manœuvres, ou entretenu des intelligences, soit à l'intérieur, soit à l'étranger. »

L'article 4 porte que :

« Les individus condamnés par application des articles précédents peuvent être interdits, en tout ou en partie, des droits mentionnés en l'article 42 du Code pénal, pendant un temps égal à la durée de l'emprisonnement prononcé. »

Article 5 :

« Tout individu condamné pour l'un des délits prévus par la présente loi, peut être, par mesure de sûreté générale, interné dans un des départements de l'empire ou en Algérie, ou expulsé du territoire français. »

Telles sont les dispositions de la loi du 27 février 1858 que l'on invoque contre M. de Flers. Je ne parle pas des peines, la Cour le comprend ; tout le monde peut en apprécier la portée. Je ne m'occupe que du délit ou du caractère que l'article 2 de la loi attribue au délit.

Il consisterait à avoir, soit à l'intérieur, soit à l'extérieur, pratiqué des manœuvres ou entretenu des intelligences dans le but, soit de troubler la paix publique, soit d'exciter à la haine et au mépris du gouvernement de l'Empereur.

Les défenseurs du projet au corps législatif le disaient avec raison, c'est un délit tout nouveau, et un délit complexe. Il se compose à la fois et des moyens employés et du but pour lequel l'emploi de ces moyens a eu lieu. Les adversaires du projet, s'il y en avait, ce que j'ignore, ceux du moins qui l'examinaient, trouvaient qu'il y avait, tant dans l'indication des moyens que dans l'indication du but, un vague, un caractère illimité, indéfini, qui faisait que l'article 2 de la loi du 27 février 1858 sortait tout à fait de la condition des lois pénales ordinaires dont le principal caractère, comme le premier mérite, est d'être parfaitement définies dans leurs termes.

On leur répondait ce que M. le procureur général disait tout à l'heure, que les mots manœuvres ou machinations, intelligences, n'étaient pas nouveaux dans notre législation ; et on rappelait, non pas les ordonnances anciennes, qui me paraissent avoir peu d'autorité en matière pénale, mais la loi de 1791, mais le Code de brumaire an IV et le Code de 1810 ; dans ces lois, disait-on, on parle déjà, quant aux moyens à employer, de manœuvres et d'intelligences pratiquées à l'étranger.

La Cour me permettra, pour montrer jusqu'à quel point on avait tort de justifier les termes de l'article 2 de cette loi par le Code pénal de 1791 ou celui de 1810, de lui rappeler les termes de ces deux Codes qui sont absolument identiques, le législateur de 1810 ayant copié sur ce point celui de 1791.

La loi du 25 septembre 1791 punit :

« Celui qui aurait pratiqué des machinations ou entretenu des intelligences avec les puissances étrangères ou leurs agents, pour les engager à commettre des hostilités, ou pour leur indiquer les moyens d'entreprendre la guerre contre la France. »

Et encore dans un autre article :

« Toute manœuvre, toute intelligence avec les ennemis de la France tendant soit à faciliter leur entrée dans les dépendances de l'empire français, soit à leur livrer des villes, forteresses, ports, vaisseaux, magasins ou arsenaux appartenant à la France, soit à leur fournir des secours en soldats, argent, vivres ou munitions, soit à favoriser d'une manière quelconque le progrès de leurs armées sur le territoire français, ou contre nos forces de terre et de mer, soit à ébranler la fidélité des officiers, soldats et des autres citoyens envers la nation française. »

Ce sont également les termes des articles 76 et 77 du Code pénal.

Eh ! qui ne voit dans l'emploi ainsi fait de ces mots *manœuvres* et *intelligences* quelque chose de parfaitement défini par le but auquel doivent tendre et les intelligences et les manœuvres ? Remarquez d'abord qu'il faut les avoir eues avec les ennemis de la France, et du moment que c'est là une condition de la culpabilité, la portée de ces mots se saisit ; ils n'ont pas le sens vague devant lequel on s'arrête, lorsque dans une loi on parle de manœuvres ou d'intelligences à l'intérieur ou à l'extérieur. Que voulez-vous dire par là *à l'inté-*

rieur? Une lettre écrite à l'intérieur à un ami est-elle donc une intelligence ? Une lettre écrite à l'extérieur, de même ? Vous n'avez pas, comme dans la loi de 1791 et le Code pénal, pour caractériser ce que veut dire la loi pénale en parlant de manœuvres ou d'intelligences, la désignation de la personne avec laquelle elles doivent avoir lieu : « Une puissance ennemie de la France ».

Et puis, quel est le but auquel doivent tendre ces intelligences ? Au moins, dans la loi de 1791 ou le Code pénal de 1810, le but est caractérisé et déterminé aussi bien que possible : « ... les engager à commettre des hostilités... leur indiquer les moyens d'entreprendre la guerre contre la France... leur livrer des villes, forteresses, ports, vaisseaux, etc. » Rien n'est plus nettement caractérisé que le but ; de manière que je ne suis pas étonné que, dans la discussion du Code pénal de 1810, on ait trouvé que les deux articles 76 et 77, quoiqu'ils employassent ces expressions indéfinies *manœuvres* et *intelligences*, pouvaient néanmoins former une disposition pénale sur le sens de laquelle il était impossible de se tromper.

En est-il de même de l'article 2 de la loi du 27 février 1858 ? A quoi doivent tendre ces intelligences, ces manœuvres à l'intérieur ou à l'extérieur ? A troubler la paix publique.

Troubler la paix publique ! Nous ne connaissons pas ces expressions, que je sache, dans nos lois pénales. Que veulent-elles dire ? M. le procureur général vient de les traduire ainsi : inquiéter les souverains étrangers sur leurs trônes, diminuer la sécurité des souverains étrangers ! quoi de plus vague et de plus étrange qu'un semblable délit.

Elles doivent tendre encore « à exciter à la haine et au mépris du gouvernement de l'Empereur ».

Je ne dirai pas la même chose de ces expressions ; je sais qu'elles se rencontrent dans nos lois sur la presse ; qu'elles ont été écrites dans la loi de 1822, et maintenues dans quelques-unes des lois postérieures. Mais pourtant, voyez comme le vague du but vient se joindre au vague des moyens à employer. Qu'appelez-vous excitation à la haine et au mépris du gouvernement ? Il y a là une limite qu'il est extrêmement difficile de marquer, entre les critiques permises à l'égard d'un gouvernement et l'effort passionné qui excite à le mépriser et à le haïr. On s'y trompe tous les jours, et je pourrais citer des exemples récents où, pour avoir dit de tristes vérités, des écrivains modérés ont été l'objet d'avertissements sévères comme ayant excité au mépris et à la haine du gouvernement, tandis que, très peu de jours après, le gouvernement lui-même devait avouer une situation et des embarras bien autrement graves que ceux que ces écrivains avaient signalés.

La limite est donc difficile à déterminer, et voici comment l'indétermination du but venant se joindre au vague des moyens, fait de l'article 2 de la loi du 27 février 1858, un article menaçant, un article terrible, et qui ne doit être appliqué qu'avec la plus extrême réserve.

En présence des difficultés d'interprétation qui s'élevaient dans le corps législatif, M. le président du conseil d'État a cru nécessaire de calmer les préoccupations dont quelques membres du corps législatif étaient les organes, et voici en quels termes il l'a fait :

« Le projet n'est pas fait contre ceux qui émettent sur le gouvernement une opinion plus ou moins vive, plus ou moins hostile. Le gouvernement qui est représenté comme si rigoureux, comprend bien qu'en France on n'empêchera jamais les épigrammes et les allusions plus ou moins historiques..... »

Ainsi, ce ne sont pas même des attaques hostiles contre le gouvernement que l'article 2 de la loi du 27 février 1858 punit; ce serait exagérer sa rigueur que de soutenir que chacun de nous doit garder le silence sur les fautes du gouvernement; qu'on ne peut en faire l'objet d'une correspondance; qu'on ne pourra pas les signaler *à l'intérieur* ou *à l'extérieur ;* c'est aller au delà de la loi; c'est surtout oublier ce que ses défenseurs ont présenté comme une garantie contre le vague de ses expressions; et, à mon avis, c'est jusque-là que la Cour irait si elle adoptait la prévention soutenue devant elle contre M. de Flers.

Maintenant nous connaissons la loi, nous savons jusqu'où elle va; nous connaissons son caractère, et par là, nous savons que la disposition législative qu'on vous demande d'appliquer, ne peut l'être qu'avec une extrême réserve.

M. le procureur général l'a dit avec raison. Il y a deux choses à considérer dans la poursuite dirigée contre M. de Flers, le fait même d'avoir écrit des lettres, et puis l'intention dans laquelle ces lettres ont été écrites.

Quant au fait en lui-même, je suis d'accord avec M. le procureur général. Seulement je demande à faire une observation à la Cour. On a traduit plusieurs fois, dans les observations qu'elle vient d'entendre, le mot *intelligences* par le mot *correspondances.* Je repousse cette assimilation, cette synonymie qu'on a voulu établir. Je sais bien que les anciennes ordonnances, citées par M. le procureur général, parlent de correspondance avec les puissances étrangères ; je sais encore qu'en 1810, lorsque les deux articles 76 et 77 ont été discutés dans le conseil d'État, l'archichancelier Cambacérès demandait qu'on précisât une autre nature de délit, qu'on punît *toute* correspondance avec les puissances ennemies de la France, mais je sais aussi que la demande de l'archichancelier Cambacérès n'a pas été admise, puisqu'on ne trouve pas dans le Code pénal de 1810 ce qu'il voulait y faire ajouter, et la loi du 27 février 1858, pas plus que le Code de 1810, n'a compris que toute correspondance était une intelligence ou une manœuvre.

C'est l'intention qui seule peut lui donner ce caractère; la correspondance par elle-même n'est pas coupable, elle n'est interdite par aucune loi, elle n'est pas même mise en suspicion. Il faut y reconnaître l'intention manifeste déclarée, d'exciter à la haine ou au mépris du gouvernement de l'Empereur, pour trouver l'élément de culpabilité.

Où va-t-on trouver cette intention de M. de Flers? Comment a-t-on voulu la prouver? Je ne puis pas me dispenser, quoique je n'en fasse pas l'objet de conclusions précises, de parler des moyens à l'aide desquels on a cherché à surprendre M. de Flers pour le traduire devant vous.

Le premier moyen qui a été employé le 22 juillet 1861 a été de se transporter à la poste. On avait été prévenu, je ne sais comment, je ne le recherche pas ... que, dans la matinée, M. de Flers avait écrit une lettre et l'avait confiée à la poste. On s'y est transporté, on l'a saisie ; on l'a portée à la préfecture de police, où on l'a ouverte sans avoir pris la précaution d'appeler M. de Flers pour être présent à l'ouverture de la lettre qu'il avait écrite et qu'on avait saisie.

Le second moyen auquel on a eu recours a été ce que j'appellerai une invasion du domicile de M. de Flers : on s'est présenté chez lui avec un mandat de perquisition décerné par M. le préfet de police. Là, on a saisi tout ce qu'il y avait de papiers, de documents de toute nature. ON A TOUT EMPORTÉ SANS AVOIR DRESSÉ AUCUN PROCÈS-VERBAL, et ce n'est qu'arrivé je ne sais où, à la préfecture de police sans doute, qu'on a rédigé un procès-verbal quelconque des documents qu'on avait saisis.

Je ne puis m'empêcher de m'expliquer sur ces deux manières de procéder. Si je n'en fais pas l'objet de conclusions expresses, c'est parce qu'en dehors même des lettres saisies à la poste, en dehors de ce qu'on a pris chez M. de Flers, on prétend avoir des documents que je suis obligé de discuter. Mais je m'estimerais heureux si je pouvais obtenir par les quelques observations que je vais soumettre à la Cour que dorénavant on procédât avec quelque régularité lorsqu'on voudra se procurer les éléments d'une accusation difficile à se justifier.

Quant à la saisie à la poste, je ne reviens pas sur une contestation que nous avons agitée devant les tribunaux il y a quelques années. Nous avons soutenu que M. le préfet de police n'avait pas le droit de saisir une lettre et de l'ouvrir. Nous avions cru que ce droit n'appartenait qu'à une instruction commencée, et qu'avant l'instruction commencée, il y avait un danger immense à donner à tout officier de police judiciaire, agissant en vertu de mandats ou du préfet de police à Paris, ou des préfets dans les départements, le droit d'aller à la poste, de se faire délivrer toutes les lettres qui y sont, de les ouvrir à son gré. Nous avions eu l'avantage de voir cette doctrine consacrée par un premier arrêt de la Chambre criminelle de la Cour de cassation, sous la présidence de M. Laplagne-Barris. Mais la Cour de renvoi n'a pas adopté l'opinion de la section criminelle, et les chambres réunies ont déclaré que M. le préfet de police avait le droit que nous lui contestions.

Quelle qu'ait été la décision des chambres réunies, je ne puis me rendre, après la lecture la plus attentive de leur arrêt, à la déclaration de principes qu'elles ont entendu faire, et je suis loin de croire qu'elles aient placé la question hors de toute controverse pour l'avenir. La Cour de cassation s'est fondée en premier lieu sur ce que l'article 10 du Code d'instruction criminelle donne au préfet de police à Paris et aux préfets des départements le droit d'employer tous les moyens possibles, « *de faire tous actes nécessaires* » pour constater les crimes, délits, contraventions. Elle en a conclu qu'il y a là une faculté illimitée et que, par conséquent, les préfets peuvent donner à tous officiers de police judiciaire le droit d'aller saisir les lettres qui sont à la poste.

Il me semble que lorsque l'article 10 du Code d'instruction criminelle a dit : *tous actes nécessaires*, il a entendu qu'on s'arrêterait devant les actes qui sont prohibés par la loi, et même devant des priviléges qui sont reconnus par la jurisprudence elle-même. Ainsi, quelque acte nécessaire que puissent faire les officiers de police judiciaire, ils ne peuvent pas venir dans mon cabinet saisir les lettres que mon client m'a confiées.

De même quand l'article 187 du Code pénal a interdit, sous peine de prison et d'amende, à tout fonctionnaire public, car c'est pour les fonctionnaires publics que le Code pénal l'interdit, d'aller saisir et ouvrir les lettres à la poste, il a mis une barrière, une limite, au pouvoir donné aux officiers de police judiciaire par l'article 10 du Code d'instruction criminelle.

La Cour de cassation, chambres réunies, a ajouté ce second motif que le principe incontestable du secret des lettres n'est pas applicable aux correspondances par lesquelles s'ourdissent ou se commettent les atteintes portées à la paix publique, à la propriété, à la sûreté des citoyens.

Je vois bien un mot qui consacre le principe du secret des lettres, mais je le vois aussitôt appliqué de telle manière que je ne reconnais plus le principe lui-même, et qu'il disparaît avec l'exception qu'on y apporte, car, quand on va saisir la lettre à la poste, on ne sait pas encore ce qu'elle contient, ce n'est que l'ouverture de la lettre qui apprendra si elle constate un crime ou si elle ne dit rien. De manière qu'au moment où vous la saisissez, vous ne savez si elle est innocente ou coupable. Elle peut être innocente aussi bien que coupable; on donne en réalité aux préfets le pouvoir illimité d'aller à la poste, quand ils le veulent, et sous prétexte de saisir des documents relatifs à un crime quelconque, commis en un lieu quelconque, de prendre à la poste toutes les lettres qu'ils veulent prendre, sauf ensuite à les rendre s'ils ont eu le malheur de se tromper, et si les lettres ne constatent que les relations les plus innocentes et les plus honorables de la famille ou de l'amitié.

Voilà comment l'arrêt des chambres réunies, par le pouvoir illimité qu'il reconnaît aux préfets, arrive à anéantir le principe incontestable du secret des lettres, tout en ayant l'air de.lui rendre hommage. Ce n'est pas tout : lorsqu'on a reconnu au préfet de police le pouvoir de saisir à la poste des lettres, on s'est exposé à voir négliger, fouler aux pieds toutes les précautions, toutes les mesures dont la justice s'entoure quand elle est conduite à ces nécessités. Permettez-moi de vous le montrer par un de vos arrêts mêmes.

En 1836, la Cour devant laquelle j'ai l'honneur de plaider, a eu à statuer sur une instruction qui avait été faite par M. Zangiacomi contre M. Raspail, et dans cette instruction M. Zangiacomi avait été obligé de s'éclairer par des lettres saisies à la poste. La Cour établit d'abord le principe que le juge d'instruction avait le droit de prendre connaissance des lettres, et ensuite elle dit :

« Considérant, au surplus, que l'ouverture des lettres dont il s'agit a eu lieu en présence du sieur Raspail, ainsi qu'il le reconnaît lui-même dans sa requête, *après demande à lui faite de consentir à cette ouverture*; qu'ainsi M. Zangiacomi ne s'est pas rendu coupable, etc..... »

Vous voyez les précautions, les garanties que prend la justice : appeler le prévenu à l'ouverture de la lettre, lui demander même, M. Zangiacomi a été jusque-là, la permission de l'ouvrir. Je veux bien qu'on n'aille pas jusque-là, mais toutefois, doit-on n'ouvrir la lettre qu'en présence de celui qui l'a écrite. Eh bien ! dans la cause que trouvons-nous? Deux agents de la police réunis dans un cabinet; l'un d'eux apporte une lettre saisie à la poste, une lettre devenue sacrée par le cachet, dont elle est revêtue, et il ne leur vient pas à la pensée que M. de Flers est à quelques mètres d'eux, dans Paris, et qu'ils doivent, sachant que c'est lui qui a écrit la lettre, faire ce que la justice aurait fait, vous le voyez par la conduite du juge d'instruction dans l'affaire de 1836, appeler M. de Flers, le mettre en mesure d'être présent à l'ouverture de la lettre et de s'assurer qu'elle est ouverte fidèlement !

L'utilité que je trouverais à ce qu'on exigeât de la police ces précautions, c'est qu'alors, dans une instruction ainsi faite, on pourrait être sûr qu'on a toutes les lettres saisies à la poste ; qui me garantit, au contraire, que la lettre qui vous est représentée est la seule qui ait été saisie à la poste ? Pourquoi n'y en aurait-il pas d'autres ? Comment le savoir ? Et, dans une instruction comme celle-ci, quand il s'agit d'arriver à une condamnation, est-ce que tous les détails de la procédure, depuis le premier mot, ne doivent pas être connus ? Est-il permis au préfet de police à Paris, et aux préfets dans les départements, de communiquer à une instruction, qui ne produit devant vous que ce qu'elle a reçu, une lettre dans laquelle il croit voir des indices de délits, et de retenir celles que, par les mêmes procédés, par les mêmes moyens en l'absence du prévenu, il peut avoir saisies et ouvertes à la poste ?

Voilà le premier moyen qui a servi à trouver des preuves de la culpabilité de M. le marquis de Flers.

Voici quel est le second.

Je ne conteste pas que, dans l'intérêt de la répression, on n'ait le droit d'entrer dans le domicile d'un citoyen, de rechercher tous ses papiers et de prendre ceux qui peuvent servir à la démonstration et à la constatation des délits. On donne pour cela des mandats de perquisition ; ce qui veut dire que dans les papiers qu'on trouve au domicile d'un prévenu, on recherchera, on prendra ceux qui peuvent servir à la constatation du délit et on laissera de côté tous ceux qui n'ont pas ce caractère. C'est ainsi que fait la justice, et j'aime encore à m'autoriser des règles qu'elle suit et des exemples qu'elle donne, pour signaler les procédés de la police contre M. de Flers.

Voici comment s'exprime M. Faustin-Hélie, et son opinion est celle de M. Dalioz, de Carnot dont on parlait tout à l'heure, et de tous les jurisconsultes qui ont écrit sur le Code d'instruction criminelle :

« Les formes (1) de saisie, dans le cas de flagrant délit et dans les cas ordinaires, sont identiques.

» Une première règle est que le juge doit dresser procès-verbal de toutes les opérations relatives à la saisie ; l'art. 35 du Code d'instruction criminelle le prescrit formellement : « Il dressera du tout procès-verbal. » Cette pièce est d'une grande importance : les effets saisis étant des pièces de conviction, c'est-à-dire étant destinés à faire preuve, il importe que toutes les circonstances qui se rattachent à leur existence soient soigneusement relevées.....

» Une autre règle est que le prévenu qui doit être présent à la perquisition, doit, à plus forte raison, être présent à la saisie. Il importe, en effet, qu'il puisse expliquer l'origine des effets saisis, les causes de sa possession, les motifs de l'état de ces objets et leur relation avec les faits. L'art. 35 dispose, en conséquence, que le

____

(1) M. Faustin-Hélie, *Instruction criminelle*, t. V, p. 519 et suiv.

juge « interpellera le prévenu de s'expliquer sur les choses saisies qui lui seront représentées » et que le procès-verbal sera signé de lui ou que mention sera faite de son refus.....

» Enfin une troisième règle est, que le juge doit prendre toutes les mesures propres à assurer l'identité des choses saisies, de manière que toute altération de ces choses et toute substitution d'un objet à un autre soient impossibles. Tel est le vœu des art. 38 et 39 que l'art. 89 a rendus communs au juge d'instruction. .

» Il suit de là : 1° que tous les objets saisis doivent être exactement décrits et inventoriés ; la description ne doit pas se borner à les mentionner par la dénomination qui les qualifie ; elle doit constater leur état au moment de la saisie et toutes les circonstances qui les rattachent à la perpétration de l'action ; 2° que les mêmes objets doivent être clos et cachetés, soit enfermés dans un vase ou dans un sac que le juge scelle de son sceau. Cette double précaution a paru nécessaire au législateur pour que l'identité des pièces de conviction ne puisse être ultérieurement attaquée par le prévenu.»

Telles sont les formalités auxquelles la justice est assujettie.

Comment a-t-on saisi les papiers de M. de Flers ? On est arrivé chez lui ; on a pris tout confusément ; on n'a fait devant lui aucune description, on n'a dressé devant lui aucun procès-verbal ; on ne lui a demandé de parapher aucune pièce, de signer aucun procès-verbal, puisqu'on n'en faisait pas, et on a emporté tous les papiers qu'on saisissait chez lui.

Je sais bien que M. le conseiller instructeur a demandé à M. de Flers s'il remarquait quelque lacune dans les papiers qui se trouvaient au dossier de la poursuite. M. de Flers a examiné ses papiers, comme il pouvait le faire après un interrogatoire de sept heures ; il a répondu que, pour le moment, il lui paraissait qu'il manquait quelques lettres de M. de Cavour et quelques-unes de M. de Montalivet, mais qu'il lui était impossible de désigner exactement quant à présent tous les papiers qui lui manquaient. Il les a vus depuis dans une communication que M. le procureur général a bien voulu m'en faire. M. de Flers déclare que les papiers fournis à l'instruction par la police ne sont pas tous ceux qui étaient chez lui. Par exemple M. de Flers est intimement lié depuis son enfance avec M. le comte de Montalivet ; il avait une correspondance très volumineuse de M. de Montalivet. Elle commence, dans les lettres qu'on a produites à l'instruction, en 1848, se continue en 1849, 1850, 1851 ; elle s'arrête ensuite tout d'un coup pour laisser place à quelques lettres de 1855, et à partir de 1855 on ne trouve plus qu'une lettre, écrite en 1861. M. de Flers se rappelle parfaitement qu'il avait conservé chez lui une correspondance qui était, je ne dis pas de tous les jours, mais de toutes les semaines ou de tous les mois entre M. de Montalivet et lui. Il demande pourquoi cette correspondance n'a pas été remise à M. le procureur général.

Quant aux lettres de M. de Cavour, on en a produit TROIS. M. de Flers, qui était très lié avec M. de Cavour, comme je le dirai tout à l'heure, en avait gardé CINQ OU SIX. Il est parfaitement sûr qu'il y en avait plus de trois, et, en particulier, il se rappelle le sujet de quelques-unes des lettres qu'il avait gardées à raison de l'importance et de l'intérêt même du sujet que ces lettres traitaient, et ces lettres manquent au dossier. Veuillez, messieurs, vous demander à vous-mêmes si, lorsqu'on a une correspondance assez étendue qui, chaque année, s'ajoute à celle des années précédentes, on peut avoir la mémoire assez fidèle pour se rappeler toutes les lettres qu'on a reçues depuis dix ou douze ans, et vous ne serez pas étonnés que M. de Flers n'ait pas été plus affirmatif et plus précis dans son interrogatoire. Cependant, dans une affaire comme celle qui vous occupe, il serait important, car c'est le moyen de connaître les véritables sentiments de M. de Flers, d'avoir scrupuleusement toutes les correspondances qui étaient chez lui. Il fallait dans cette affaire, plus que dans toute autre, constater la nature de toutes les pièces qu'on saisissait ; et je ne comprends pas qu'une accusation puisse s'organiser avec des pièces qu'on a emportées hors du domicile du prévenu, QU'ON A CHOISIES HORS DE SA PRÉSENCE, et qu'on a produites selon le caprice ou la passion dont on était animé.

Voilà les deux observations préliminaires que je voulais vous soumettre, observations auxquelles j'attache de l'importance, car vous ne perdez pas de vue que, dans une affaire de cette nature, vous avez à combiner toutes les manifestations de la pensée du prévenu. M. le procureur général l'a dit, ce que vous avez à rechercher, c'est la pensée de M. de Flers. Où la cherche-t-on ? Dans quelques-unes des lettres arrêtées à la poste ou saisies chez lui. Je dis que c'était dans l'ensemble de la correspondance, qu'à l'improviste, sans que le prévenu ait eu le temps de prendre ses précautions, on était venu saisir chez lui, que vous auriez pu trouver toute sa pensée, sa pensée fidèle et complète, et qu'elle vous échappe parce qu'on n'a observé aucune des formalités protectrices prescrites par la loi en faveur du prévenu.

Après avoir soumis à la Cour ces deux observations qu'il était de mon devoir de lui soumettre, et que je crois l'une et l'autre parfaitement solides, je vais aborder l'examen de ce qui peut constituer le délit qu'on impute à M. de Flers, et, puisqu'il le faut, je prends les seuls documents qui aient été produits, réduit à ne pas parler même de ceux que M. de Flers pourrait indiquer à la Cour, mais qu'il ne peut plus rapporter.

On reproche à M. de Flers d'avoir entretenu à l'étranger des correspondances, dans le but d'exciter au mépris et à la haine du gouvernement de l'Empereur.

Qu'il ait eu des correspondances à l'étranger, il l'avoue ; et sur la demande qui lui en a été faite par M. le premier président à cette barre, il l'a formellement déclaré. Je dois dire à quelle époque elles remontent. M. de Flers ne les avait pas eues avant 1848. Dans le courant de cette année, la Cour peut se rappeler que, par une mesure arbitraire et regrettable, M. de Flers fut privé de ses fonctions à la Cour des comptes, en même temps que le premier président de cette Cour, qu'un conseiller maître, que neuf conseillers référendaires, dix autres étant admis à faire valoir leurs droits à la retraite. Je pourrais montrer à la Cour jusqu'à quel point le coup qui avait frappé M. de Flers avait été sensible à tous ses collègues à la Cour des comptes, en mettant sous ses yeux les témoignages de regrets adressés par la Cour des comptes elle-même, à M. de Flers. Un gouvernement plus juste et plus modéré l'a rappelé à reprendre le rang qu'il occupait.

C'est pendant cet intervalle, et après qu'il eut perdu ses fonctions de conseiller référendaire à la Cour des comptes que M. de Flers, au milieu de nos troubles de 1848, engagea une correspondance avec M. de Cavour, avec lequel il est toujours resté particulièrement lié. M. de Cavour, à cette époque, n'était pas le grand ministre que l'Europe a connu depuis; il était le rédacteur d'un journal appelé le *Risorgimento*. Il reçut de M. de Flers quelques lettres, en fit son profit, demanda une correspondance régulière, et M. de Flers, qui n'avait pas de fortune, qui avait perdu sa place à la Cour des comptes, consentit à recevoir, comme tout autre écrivain, la rémunération de son travail. Depuis cette époque jusqu'à la fin de 1860, M. de Flers a continué ses correspondances et non pas par leur exagération, comme l'a dit M. le procureur général, mais par leur parfaite modération, elles avaient acquis un tel succès que, peu à peu, il lui a été demandé de correspondre avec la *Gazette des postes de Vienne*, avec la *Gazette d'Augsbourg*, avec un journal de Hambourg, et plus tard avec les journaux l'*Indépendance belge*, le *Journal de Dresde* et le *Journal de Genève*.

Sur les premières correspondances de M. de Flers, je veux indiquer à la Cour le motif des conclusions que j'ai prises devant elle. Dans la citation donnée à M. de Flers, on indique, avec très juste raison, qu'on ne poursuit que les faits antérieurs de moins de trois ans aux poursuites dirigées contre lui. Je fixe le premier acte de procédure à la perquisition faite chez lui, je le fais remonter aussi loin que possible, la Cour le voit, au 24 juillet 1861. Par conséquent la citation elle-même ne poursuit que les faits, les intelligences, et, pour traduire ce mot comme M. le procureur général, les correspondances antérieures au 24 juillet 1858.

Il y a d'ailleurs une autre raison pour qu'on ne puisse pas parler des correspondances antérieures; du moins de celles antérieures au 27 février 1858. C'est que le délit pour lequel M. de Flers est traduit devant vous, est un délit créé par la loi du 27 février 1858, et que je n'imagine pas que la loi du 27 février 1858, qui, pour la première fois, a inscrit dans nos lois de répression le délit prévu dans son article 2, puisse s'appliquer à des manœuvres, à des intelligences et à des correspondances qui auraient eu lieu avant sa date. Donc à raison, soit de la prescription de trois ans, soit des termes mêmes de la citation, soit de la date de la loi (en réservant à ce dernier point de vue le temps écoulé du 27 février au 24 juillet 1858), tout ce qui est antérieur au 24 juillet 1858 ne peut évidemment pas être l'objet de la poursuite dont vous avez à connaître.

Eh bien! tout à l'heure, lorsque M. le procureur général cherchait à montrer quel était l'esprit des correspondances que M. de Flers entretenait avec l'étranger, quels documents invoquait-il? C'étaient des lettres écrites par un Allemand dont je ne puis pas prononcer le nom, mais qui est propriétaire, à ce ce qu'il paraît, de la *Gazette des postes* de Vienne; c'étaient des lettres écrites par le directeur de la *Gazette d'Augsbourg*, et ces lettres comme toutes celles d'ailleurs que le ministère public a citées au commencement de sa discussion pour indiquer l'esprit général de la correspondance de M. de Flers, sont de 1851, de 1852, et les plus récentes de 1855. Je les repousse toutes également. Quand même M. de Flers aurait eu à cette époque le tort qu'on lui reproche, ce qu'il n'admet pas, cette époque est complétement étrangère à la poursuite qu'on exerce contre lui. Nous demandons à la Cour de rejeter tous ces documents qui n'auraient pas même dû être saisis, et d'en ordonner la restitution.

S'il fallait les examiner, y trouveriez-vous, comme on l'a dit tout à l'heure, l'indication des sentiments hostiles de M. de Flers? Il repousse énergiquement tout d'abord l'incrimination d'avoir, après la mort de monseigneur Sibour, écrit une lettre dans laquelle il aurait attaqué ce prélat. Il déclare que jamais il n'est entré dans ses sentiments, et quiconque connaît M. de Flers le croira, d'écrire sur le compte de monseigneur Sibour les paroles qu'on lui impute. Il y a eu une méprise évidente dans le travail de police où M. le procureur général a lu cela. Il ne pouvait venir à la pensée de cet homme d'honneur de venir sur la tombe à peine fermée de monseigneur Sibour, écrire à un journal étranger des insultes contre sa mémoire.

De quoi se prévaut-on encore? d'une lettre qui a été écrite, je crois en 1855, dans laquelle on dit à M. de Flers, que la cour de Vienne aime les cancans politiques; d'une lettre dans laquelle on le rappelle à plus de modération; enfin, d'une lettre dans laquelle on lui écrit qu'il se livre à trop de personnalités. Lettres toutes antérieures de beaucoup à 1858.

Quant aux personnalités, il faudrait que la prévention indiquât ce qu'elles sont. Est-ce envers des individus dont on peut parler, mais dont il vaut mieux ne pas parler? Est-ce envers le chef du gouvernement? Vous ne le dites pas, et M. de Flers peut s'être livré à quelques personnalités sur des personnages importants de la finance, de la politique ou de l'armée, sans que, pour cela, il y ait excitation à la haine ou au mépris du gouvernement.

On l'engage à plus de modération? Sur quoi? Cherchez, trouvez. Vous êtes accusateur, vous devez produire. Produisez les lettres écrites par M. de Flers lui-même et non pas les lettres qui lui auraient été adressées. Mais, chose étrange, nous avons au procès des écrits de M. de Flers lui-même, je vais avoir l'honneur de les mettre sous les yeux de la Cour, et ce ne sont pas ceux-là qu'on invoque, qu'on incrimine; mais on va chercher, dans la correspondance de rédacteurs de journaux étrangers, des représentations, des observations, des indications qui tendraient à prouver que M. de Flers se livrait à une violence de langage qu'il n'a jamais connue.

Il proteste, et son caractère proteste, et ses antécédents protestent, et tous ceux qui le connaissent protestent avec lui contre une pareille accusation. Vous verrez tout à l'heure la modération de son caractère constatée par quelques-uns de ses correspondants. Mais je ne m'arrête pas davantage à ses correspondances avec la *Gazette des Postes*, le *Journal de Hambourg*, la *Gazette d'Augsbourg*, elles remontent toutes à une époque de beaucoup antérieure à 1858, car toutes ces relations ont fini en 1856; je demande à la Cour la permission de les mettre de côté, non pas arbitrairement, mais pour ces deux raisons qu'elles sont antérieures de plus de deux ans à la loi dont on demande l'application, et antérieures de plus de trois ans au jour où la prescription doit remonter au profit de M. de Flers.

Il reste donc, et c'est là-dessus que doit se concentrer la prévention contre lui, ses correspondances avec l'*Indépendance belge*, avec le *Journal de Dresde* et le *Journal de Genève*, correspondances dont quelques-unes sont postérieures et à la loi du 27 février 1858 et au 24 juillet de la même année. Ce sont les trois correspondances dont j'ai spécialement à vous parler, mais je tiens à vous dire d'abord que ce crime qu'on fait à M. de Flers d'avoir été ainsi en correspondance avec les journaux étrangers et spécialement avec les journaux hostiles a dit M. le procureur général, je tiens à vous dire que ce crime était connu. M. de Flers a la certitude d'avoir envoyé, par exemple, à l'*Indépendance belge* des communications qui lui venaient du gouvernement français lui-même et qu'on le priait d'adresser à ce journal. Malheureusement il n'a plus ces notes, il les a adressées telles qu'elles lui venaient du ministère aux directeurs successifs de l'*Indépendance belge*, d'abord M. Perrot, ensuite M. Berardi, et quand il a prié qu'on en recherchât les traces, voici la réponse qu'il a reçue de M. Berardi à la date du 13 novembre 1861 :

« Mon cher monsieur de Flers,

» Aussitôt mon retour à Bruxelles, je me suis mis à faire, d'après votre demande, des recherches parmi mes papiers dans le but d'y retrouver quelque chose qui pût venir à l'appui de ce que vous désirez établir et de ce que je sais être parfaitement exact.

» Mais, comme je vous l'avais fait pressentir, il m'a été impossible de remettre la main sur rien. Cela n'a rien d'étonnant, puisque je ne conserve ni la copie qui a servi pour le journal, ni les petits mots particuliers, plus ou moins insignifiants, de mes correspondants.

» Vous comprendrez, mon cher monsieur de Flers, que, s'il fallait, en effet, recueillir et amasser tout cela, on en arriverait à se voir obligé de louer des locaux supplémentaires pour loger ces inutilités, aussi tous les journaux font-ils à cet égard, comme l'*Indépendance*, et font-ils très bien.

» Certes, si j'avais pu prévoir que vous viendriez à avoir besoin de quelques-uns de ces mots sans conséquence que vous m'écriviez, j'eusse mis de côté avec soin toutes les parcelles de vos correspondances, mais jamais l'idée ne m'était venue de songer à cela.

» Mais ce que je me rappelle parfaitement, ce que je me rappelle comme si c'était d'hier, c'est qu'à diverses reprises, vous m'avez envoyé des renseignements tout favorables au gouvernement, particulièrement au ministère des finances, et que vous me disiez tenir ces renseignements des membres eux-mêmes du gouvernement.

» Ce sont là pour moi des souvenirs aussi présents que si j'avais sous les yeux toutes vos lettres pour me les remémorer.

» Voilà, mon cher monsieur de Flers, pour ce qui est du temps de ma direction de l'*Indépendance*, quant à ce qui remonte à celle de M. Perrot, il ne me reste de cette époque aucune espèce d'archives, et il est à peu près certain que M. Perrot lui-même n'a conservé du temps aucun papier du genre de ceux que vous voudriez retrouver.

» Je regrette donc, mon cher monsieur de Flers, de ne pouvoir, dans cette circonstance, mettre à votre service, que mon témoignage ; mais ce témoignage, je m'empresse de vous l'offrir, en profitant de l'occasion pour vous renouveler l'assurance de mes meilleurs sentiments.

» *Signé* L. BERARDI. »

J'ai dit que M. de Flers qui envoyait les documents qu'on lui remettai n'en avait pas retrouvé chez lui. En voici un cependant qui lui a été envoyé du ministère des finances :

« Les journaux se trompent en parlant de la disgrâce de M. Bineau. Il abandonne sa position pour cause de santé. Il emporte avec lui l'affection de l'Empereur qui a daigné lui écrire de sa main une lettre fort bienveillante. »

On priait M. de Flers de faire parvenir cela à Bruxelles. L'*Indépendance belge* fait foi qu'en effet elle a eu la nouvelle de la lettre de l'Empereur.

Voici encore une lettre d'un personnage qui n'est pas, il est vrai, dans le gouvernement, mais qui y touche de très près et fait partie du Sénat, M. le prince Joseph Poniatowski :

« Mon cher marquis,

» Rendez-moi un petit service, faites insérer dans l'*Indépendance belge* cette lettre pour prouver que je n'étais pour rien dans les jolies choses qu'on mettait sur mon compte et qui m'ont presque brouillé avec mon ami B.

» Mille remercîments anticipés.

» *Signé* J. PONIATOWSKI. »

Je cite ce peu de documents que M. de Flers a pu retrouver en vous affirmant en son nom, ce que mille personnes pourraient constater, que tout le monde savait que M. de Flers était un des correspondants et de l'*Indépendance belge* et du *Journal de Dresde* et du *Journal de Genève*, et qu'en particulier le gouvernement le savait très bien.

Quoi qu'il en soit, qu'on le sût ou non, M. de Flers a correspondu avec les directeurs de ces trois journaux. M. le procureur général se demandait d'où venait que, depuis quelques années, ces correspondances ont pris une telle activité dans les journaux étrangers ; d'où venait qu'ils ont, non pas un correspondant, mais plusieurs qui leur envoient les nouvelles les plus secrètes que la capitale peut fournir, quelquefois vraies souvent erronées ?

Vous vous en rendez facilement compte. Le premier motif dont nous n'avons qu'à nous féliciter, c'est l'extrême intérêt que le monde entier prête à ce qui se passe en France, et particulièrement dans sa capitale. Le second c'est qu'il n'y a plus un seul journal français qui puisse librement donner les récits de cette vie parisienne si intelligente, si active, si animée, et que l'événement le plus important, je ne dis pas même au point de vue de la politique mais au point de vue de la vie quotidienne de la société, est, à un jour donné, sur un avertissement officieux, effacé sur tous les journaux de France. Voilà pourquoi à l'étranger on demande avec activité les correspondances qui viennent de notre capitale.

On recherchait tout à l'heure quel avait été le motif de M. de Flers. On a trouvé un motif intéressé. L'origine de cette correspondance, le coup qui avait frappé M. de Flers, l'expliqueraient facilement. Si plus tard réintégré à la Cour de comptes, il a continué, c'est qu'une fois lancé dans cette activité intellectuelle des correspondances politiques, on ne s'en retire plus ; c'est que quand on a commencé à écrire, on écrit, on a besoin d'écrire, on veut communiquer sa pensée, on la communique. Il n'y a pas d'autre motif. Blâmez la correspondance même ; nous verrons tout à l'heure ce qu'on peut en dire, mais ne cherchez le motif ni dans l'intérêt pécuniaire, sauf à l'origine, ni dans l'intérêt d'un parti. Ce n'était pas un parti qui s'exprimait par la plume de M. de Flers, et je tiens à montrer qu'il n'avait aucune raison pour être inspiré dans sa correspondance par le désir d'exciter à la haine et au mépris du gouvernement de l'Empereur.

(L'audience est suspendue.)

A la reprise de l'audience, M° DUFAURE poursuit en ces termes :

Dans les observations que j'ai eu l'honneur de vous soumettre jusqu'à ce moment, je me suis attaché à rechercher le caractère de la loi, à définir la nature et la régularité des preuves qu'on a recueillies contre M. de Flers. Enfin j'ai cherché à montrer qu'une partie des documents du procès devaient être complétement rejetés et être immédiatement restitués à M. de Flers, car ils auraient dû l'être avant le jour où nous plaidons.

Maintenant j'entre avec M. le procureur général dans l'examen des documents qui incontestablement doivent être maintenus au procès ; j'y recherche si les correspondances de M. de Flers sont, en effet, des intelligences coupables, et je me demande s'il a envoyé ces correspondances dans l'intention de provoquer à la haine et au mépris du gouvernement de l'Empereur, ou de troubler l'ordre public.

Ces documents ont été abordés par M. le procureur général après vous avoir soumis quelques réflexions qui seraient de nature à aggraver, a-t-il dit, la situation de M. de Flers. Il le compare à un soldat qui serait sous les drapeaux, et qui mériterait d'être fusillé s'il venait à trahir la cause sous laquelle il est engagé. Il a prétendu encore que M. de Flers avait trahi M. le comte de Cavour en se faisant le correspondant du maréchal Radetzky. Enfin il a parlé du mystère dont M. de Flers avait enveloppé ses correspondances.

Sous le premier rapport, je demande à la Cour de bien considérer la position de M. de Flers. Dans la correspondance qu'il a envoyée à des journaux étrangers, il n'a été autre chose qu'un homme du monde parcourant les salons de Paris, y recueillant quelques bruits qui, malheureusement pour lui et pour la confiance que ses écrits devaient inspirer, n'étaient pas toujours vrais, et les envoyant de bonne foi. Quant à une position officielle dont il ait profité et abusé pour recueillir des renseignements et les envoyer à l'étranger, jamais il ne l'a eue. De toutes les lettres qu'il a écrites, il n'y en a pas une, et on n'en a pas produit une dans laquelle vous rencontriez des renseignements que M. de Flers ait pu obtenir par suite de la position officielle qu'il avait dans la magistrature française. Je tiens à repousser cette accusation de félonie qu'il n'a jamais méritée. Il a entendu raconter dans Paris, il a répété dans sa correspondance ce qu'il avait entendu raconter. Mais il n'a pas été un fonctionnaire public abusant de sa situation pour livrer les renseignements dont il aurait eu la confidence. J'insiste sur cette situation particulière et je repousse énergiquement le reproche de félonie qui lui serait adressé.

Je ne dis qu'un mot du reproche que M. le procureur général lui a adressé d'avoir trahi M. le comte de Cavour pour le maréchal Radetzky. C'est un reproche bizarre et sans fondement. M. de Flers est resté lié avec M. de Cavour longtemps après la mort du maréchal Radetzky ; *il n'a jamais eu aucune communication avec le maréchal Radetzky ; il n'a jamais écrit pour lui ni contre lui*, surtout à l'époque où le maréchal Radetzky était en lutte avec le Piémont. *Tout ce qu'on a pu dire à cet égard, il le dément formellement;* et c'est par je ne sais quelle erreur d'induction des pièces qu'il a lues, que M. le procureur général en a tiré la conséquence que M. de Flers avait trahi M. de Cavour.

Il est vrai qu'il a employé des chiffres avec deux journaux, le *Journal de Dresde* et l'*Indépendance belge*. Ces chiffres sont au procès; la Cour verra qu'ils sont relatifs uniquement aux noms propres de quelques personnes connues dans Paris par leur grande notabilité financière ou politique. Il aimait mieux employer les chiffres que les noms, dans une correspondance qui pouvait tomber en d'autres mains que les mains des personnes auxquelles il l'adressait. Rien n'était plus facile que de découvrir sous ces chiffres ce qu'il avait écrit; et ce ne sont certainement pas les chiffres qui peuvent empêcher de caractériser par elle-même la correspondance de M. de Flers, au lieu de la caractériser par les indications qu'on prend dans des documents qui lui sont étrangers.

Ainsi, je repousse ces réflexions générales qui ne tiennent pas directement à la prévention, mais qui tendaient à jeter une couleur défavorable sur le caractère et la nature des écrits de M. de Flers.

Je me demande où se trouvent les intelligences coupables que M. de Flers aurait pratiquées pour exciter au mépris du gouvernement de l'Empereur ou pour troubler la paix publique. Je les cherche surtout dans les documents réunis par l'instruction et que M. le procureur général a bien voulu me communiquer, et ces documents se trouvent naturellement classés, puisque j'ai dit qu'il y avait trois journaux en Europe avec lesquels M. de Flers avait gardé des relations après le 24 juillet 1858, l'*Indépendance belge*, le *Journal de Dresde* et le *Journal de Genève*. Je vais parler à la Cour successivement des relations de M. de Flers avec chacun de ces journaux; et c'est dans ces relations, telles que l'instruction les constate, que je chercherai si, en effet, les correspondances étaient coupables.

Je parle d'abord de l'*Indépendance belge;* et le seul nom de ce journal me suffit pour répondre à une autre observation du ministère public. On m'a dit: Pourquoi M. de Flers n'avait-il de correspondance qu'avec des journaux hostiles à l'Empire?

Comment, hostiles à l'Empire? Mais l'*Indépendance belge*, que je sache, n'est pas un journal hostile à l'Empire, et c'est pour cela que l'*Indépendance belge* est un journal auquel on s'abonne en France couramment, tout aussi bien qu'aux journaux français.

M. de Flers écrivait donc à l'*Indépendance belge*, et depuis assez longtemps, puisque vous avez vu tout à l'heure par la lettre du directeur actuel qu'il avait eu des relations avec M. Perrot, le directeur précédent.

Jusqu'à quelle époque lui a-t-il écrit? Il n'est pas inutile de le rechercher. Vous trouverez à la suite du premier interrogatoire de M. le marquis de Flers, des lettres qu'il a déposées et qui constatent qu'en 1861 ce n'était plus lui qui correspondait avec l'*Indépendance belge*. Voici une lettre écrite par M. Berardi au fils de M. de Flers, à la date du 8 janvier 1861 :

« Monsieur le comte,

» J'ai le plaisir de vous adresser ci-joint un mandat de 166 francs qui soldent vos correspondances du mois dernier. Je n'ai rien à ajouter à cet envoi, que l'assurance de mes affectueux sentiments pour vous et pour M. votre père.

» Votre dévoué, etc.

» *Signé* BERARDI. »

En voici une deuxième du 4 mars 1861, dans laquelle M. Berardi annonce en *post-scriptum* l'envoi d'un mandat de 209 fr. 70 cent., soldant la correspondance de février et adressée également au fils de M. de Flers.

La Cour voit par là que, comme l'a toujours dit M. le marquis de Flers dans ses interrogatoires, comme il l'a répété devant la Cour, depuis le commencement de janvier 1861 et même dès le mois de décembre 1860, c'était son fils, et non plus lui, qui correspondait avec l'*Indépendance belge*.

Mais, enfin, il a correspondu avec ce journal depuis le 24 juillet 1858 jusqu'au mois de décembre 1860. Dans cet intervalle qu'a-t-il envoyé d'hostile au gouvernement? Je le demande, et je m'étonne que, dans le réquisitoire que la Cour vient d'entendre, on n'ait pas cité un mot hostile ou agressif qui puisse justifier la prévention. Je dois dire que, dans la procédure, on a produit et noté au crayon rouge avec grand soin une lettre de M. Berardi saisie chez M. de Flers. Puisqu'elle est dans la procédure, et quoiqu'on n'en ait pas parlé dans le réquisitoire, je demande à la Cour de lui en dire un mot, et elle verra à quoi se réduit le seul document indiqué par l'instruction comme pouvant justifier, dans les rapports de M. de Flers avec l'*Indépendance belge*, l'accusation d'hostilité contre le gouvernement français.

Cette lettre est écrite par M. Berardi à M. de Flers à la date du 12 juin 1861. Pour n'être plus à cette époque le correspondant de l'*Indépendance belge*, M. de Flers n'avait pas moins gardé des rapports particuliers avec M. Berardi qui était son ami d'autrefois, avec lequel il avait toujours eu d'excellentes relations, et voilà comment on a trouvé une lettre de ce dernier dans les papiers saisis au domicile de M. de Flers. En entendant les termes de cette lettre, vous verrez ce qui a trompé les commissaires de police qui l'ont saisie :

« Mon cher monsieur,

» Dieu me garde de vous trouver absurde... J'ai trop d'expérience des choses politiques pour ne pas savoir que ce qui parait le plus invraisemblable est précisément ce qui parfois se réalise, et que tous les partis se faisant tour à tour des *illusions* (1), il faut savoir respecter celles de ses adversaires si l'on veut que de leur côté ils respectent celles que l'on se fait. Donc, je vous le répète, jamais je ne me permettrai de traiter *vos espérances* d'absurdes et je vous sais gré au contraire de toujours me communiquer vos impressions, vos opinions, comme je vous communique les miennes. Je crois qu'il y a profit pour nous deux dans cet échange de nos renseignements presque toujours si opposés. Mais avouez que vous avez mal pris votre tour hier pour triompher d'une erreur typographique du *Moniteur*, et tirer un argument si victorieux *pour votre cause*. Le journal officiel a tout simple-

____

(1) Les mots en *italique* sont ceux qui, dans l'instruction, ont été soulignés au crayon rouge.

ment mis sur le compte de M. de Morny la fin du discours de M. de Latour. Quand je dis M. de Morny, je me trompe, car ce n'est pas même à lui que le *Moniteur* attribue cette partie du discours du député ultramontain. C'est au président, car le président était non pas M. de Morny, mais M. Schneider. . . . .
. . . .
Mais permettez-moi de vous le dire, mon cher monsieur de Flers, vous et vos amis êtes si disposés à vous faire les illusions dont je vous parle plus haut, que vous n'avez même pas pris la peine de lire attentivement le *Moniteur*. Cette lecture attentive eût fait crouler tout l'échafaudage de commentaires que vous avez bâtis là-dessus. Non-seulement, en effet, vous attribuez à M. de Morny le langage d'un député clérical, mais, etc. »

La lettre continue sur le même sujet. L'argument qu'on paraît en tirer est celui-ci : « Vous et vos amis vous vous faites des illusions... ; je ne me permettrai jamais de traiter vos espérances d'absurdes.... Vous avez mal à propos invoqué le *Moniteur* dans l'intérêt de votre cause. Vos illusions, vos espérances, votre cause, tous ces mots montrent en M. de Flers l'homme de parti. Et on trouve là la preuve que, dans sa correspondance avec l'*Indépendance belge*, c'était cette autre cause qu'il servait, c'étaient ces illusions qu'il nourrissait, c'étaient ces espérances d'un chimérique avenir qu'il nourrissait, sur quoi la police rêve un complot !

Si on avait lu plus attentivement, et j'adresserai à ceux qui y trouvent un sujet de reproche, précisément les mêmes paroles que M. Berardi adressait à M. de Flers, si on avait lu plus attentivement on aurait peut-être mieux compris. Tout cela se rapporte à une erreur commise en effet, non pas par M. de Flers mais par le *Moniteur*. Dans une séance du corps législatif, M. le vicomte de Latour était à la tribune.... ou du moins... avait la parole; et le *Moniteur* met au compte du président du corps législatif qui avait plusieurs fois interrompu l'orateur, des paroles qui, en réalité, avaient été prononcées par M. de Latour lui-même. Si l'on croyait le *Moniteur*, ce serait M. le *président du corps législatif* qui aurait dit :

« Notre épée protége à Rome tous ces immenses intérêts sociaux et monarchiques. J'ai la confiance que la France ne les sacrifiera jamais à la coalition de l'italianisme, de la révolution et du protestantisme.

» L'Italie reconnaîtra bientôt elle-même qu'elle n'aura de repos et de force qu'en renonçant à son rêve d'unité. Je veux donc espérer que le gouvernement impérial sera fidèle à sa mission, à ses engagements, aux traditions de la France, et saura toujours protéger le pouvoir vénéré qu'il défend à Rome. »

C'est probablement, car nous n'avons pas la lettre, sur ces paroles que M. de Flers écrit immédiatement à M. Berardi pour lui dire : grande victoire ! lisez le *Moniteur !* voilà le Président du Corps législatif gagné à notre cause. Quelle était cette cause ? C'était l'opinion catholique de M. de Flers. Ses illusions, ses espérances, quelles étaient-elles ? C'était uniquement que le gouvernement français soutiendrait à Rome le pouvoir temporel du saint-siége. Illusions, espérances, cause; tout cela se rapportait à la cause et aux espérances catholiques et nullement à un parti politique.

Quant à ce premier journal avec lequel M. le marquis de Flers aurait été en correspondance, voilà tout ce que l'instruction vous fournit, absolument tout, alors je demande : qu'y a-t-il là qui signale de la part de M. de Flers le mépris et la haine contre le gouvernement de l'Empereur, et qui indique qu'il ait voulu les provoquer à l'étranger?

Je passe au *Journal de Dresde*. Il était représenté dans ses communications avec M. de Flers par un M. Wiessner. On a produit dans l'instruction des numéros du *Journal de Dresde*, à la date des 1er, 3, 4 juin et 31 juillet 1861. M. de Flers a déclaré que tout ce qui a été écrit dans les mois de juin et juillet 1861 lui était complétement étranger, et il a fait annexer à l'interrogatoire qu'il a subi devant M. le conseiller instructeur une protestation, ou plutôt, ceci est bien plus positif, on a saisi chez M. de Flers une lettre qui lui était écrite par le rédacteur du *Journal de Dresde*, lettre qui va montrer à la Cour quel était, dans le mois que je viens de citer, le correspondant du *Journal de Dresde*. La lettre est du 17 août 1861, datée d'Ems :

« Cher monsieur le marquis,

» Je viens vous demander un petit mot d'éclaircissement. Il était convenu entre M. le comte de Flers et moi que, pendant mon absence de Paris, ce serait vous qui m'enverriez pour lui le reçu d'un mandat émis par M. Michel Kaskel, à Dresde, sur M. de Rothschild et bon pour 183 francs que je lui avais envoyé au mois de juillet. Ledit reçu ne m'est pas parvenu. Or, puisqu'il est d'importance pour moi de savoir si le mandat en question est arrivé à son adresse, je vous prie d'avoir l'obligeance de bien vouloir m'envoyer ici où je compte rester jusqu'au 27 du courant, ou un reçu ou un petit mot d'éclaircissement.

» Agréez, monsieur le marquis, l'assurance réitérée de ma haute considération.

» *Signé :* WIESSNER. »

Vous voyez à quoi se rapporte cette lettre. Dans les papiers saisis à la poste se trouvait une quittance que M. de Flers envoyait au directeur du *Journal de Dresde*. Comme la police possédait cette quittance, M. Wiessner ne pouvait pas la recevoir, et il écrit à M. de Flers pour lui demander le reçu qu'il attendait de lui, puisqu'il était convenu avec M. le comte de Flers que ce serait son père qui l'enverrait en son absence. Cette lettre montre jusqu'à l'évidence que ce n'était plus M. le marquis de Flers qui était en communication avec le *Journal de Dresde* en 1861 ; que c'était M. le comte de Flers, son fils, que c'était celui-ci qui recevait la rémunération des correspondances qu'il envoyait au *Journal de Dresde*.

Ainsi, pour le *Journal de Dresde*, on ne produit pas un numéro dans lequel il y ait une correspondance qu'on puisse imputer à M. de Flers. C'est pour cela que je n'entre pas dans l'examen des numéros des mois de juin et juillet 1861 quoique j'en aie la copie. Je la mettrais sous les yeux de la Cour que la Cour verrait que dans cette copie même il n'y a rien à reprendre, mais elle ne regarde pas le marquis de Flers. Je n'ai pas besoin d'en parler et je ne veux pas inutilement prolonger le débat sur des documents qui y sont absolument étrangers.

Seulement on a produit à l'instruction une liasse de lettres qu'on a prises chez M. de Flers, et qui ont été écrites par M. Wiessner, son correspondant

à Dresde. Ces lettres sont au nombre de vingt-deux. Sur ces vingt-deux il y
en a vingt qui sont antérieures à l'époque où les poursuites ont pu commencer,
et même à l'époque où la correspondance à l'étranger a pu prendre le caractère de criminalité indiqué par la loi du 27 février 1858. De ces vingt, dans
lesquelles d'ailleurs il n'y aurait rien à reprendre, je n'ai pas à parler ; je les
considère comme en dehors du débat. Il y en a deux seulement qui ont été
écrites à une époque postérieure, et à la loi du 27 février 1858 et au jour
auquel remonte la prescription. Ces deux lettres sont au dossier. La Cour
peut les lire ; elle n'y trouvera rien de répréhensible.

Mais à cela je dois ajouter, parce que cela se rapporte à M. Wiessner, les
papiers saisis à la poste le 22 juillet 1861. Ces papiers consistent dans un reçu
sur lequel je viens de m'expliquer. Il était envoyé par M. de Flers parce que
le comte, son fils, était absent ; mais la traite était au nom de son fils ; elle a
été payée à son fils chez M. de Rothschild. La Cour peut le faire vérifier si
elle le veut.

A côté de ce reçu s'est trouvée une lettre écrite par M. Landwehr, son
secrétaire, et une lettre écrite par M. de Flers lui-même à M. Wiessner. La
lettre écrite par M. Landwehr est une lettre très longue. Dans son interrogatoire, M. Landwehr a déclaré où il avait recueilli les renseignements qu'il
donnait au correspondant de Dresde. Seulement, sur cette lettre qui, avant
d'être envoyée, avait été communiquée au marquis de Flers, M. de Flers a
écrit en tête de la lettre les mots suivants, qu'il n'a jamais contestés, dont il
accepte la responsabilité :

« M. le baron de Vidil et M. de Pontalba viennent d'être rayés du jokey-
club.
» L'Empereur a engagé M. de Grammont à retourner à Rome. »

Puis en marge cette autre nouvelle :

« Farini doit être arrivé à Munich. «

En écrivant ces quelques mots, M. de Flers n'a pas cru manquer à la
promesse qu'il avait faite à M. le président de la Cour des comptes, et il n'a
certainement pas commis une infraction à l'article 2 de la loi du 27 février 1858.
Voilà pour la première lettre.
Quant à la seconde écrite par M. de Flers lui-même à Wiessner ; c'est une
lettre confidentielle, car il y dit :

« On ne peut mettre cela dans un journal ; mais avertissez M. de B...., ce sera
connu avant quinze jours. »

Or, je dois mettre cette lettre tout entière sous les yeux de la Cour :

« Voici, cher monsieur, la quittance pour le trimestre échu » cette quittance dont
nous avons tant parlé ; « nous sommes dans un grand gâchis » c'était toujours relatif
aux affaires d'Italie. Dans la plupart des correspondances de M. de Flers, c'est de
l'Italie qu'il s'agissait et on a vu l'intérêt pressant, vif, animé, qu'il prenait aux

affaires d'Italie. « Mais l'Empereur persiste dans sa politique et rêve la réconciliation du Pape et de Victor-Emmanuel » jusque-là je ne vois rien de bien injurieux. « Piétri, son bras droit, a établi son quartier général en Corse pour continuer ses intrigues françaises en Sardaigne. Vous avez vu au surplus, par les discussions du parlement anglais, combien on est inquiet de cela en Angleterre. Je crois savoir que des ouvertures ont été faites à la reine Christine à Vichy pour la cession par l'Espagne à la France, des îles de Minorque et de Majorque. A ce prix la France appuiera l'Espagne dans l'occupation de Tanger et de Tétouan, on la tiendrait quitte de la dette de cent millions qui remonte à 1823.

» On dit que la reine Christine a été bien embarrassée. »

Ce que je crois facilement.

Est-ce là exciter au mépris et à la haine du gouvernement ? Tout à l'heure on a beaucoup parlé des efforts de M. de Flers pour troubler toute l'Europe, pour inquiéter les souverains sur leur trône, pour les animer de sentiments hostiles à l'égard de la France. Pourquoi ? Parce que, dans une lettre, M. de Flers aurait parlé de ce qu'on entreprenait à l'égard de la Sardaigne, et également des projets du gouvernement sur Minorque et Majorque. Est-ce qu'il est le premier qui en ait parlé, de même que de la révision des traités de 1815, ce qui était de nature à émouvoir l'Europe plus que toute autre chose ? Prenez les journaux qui passent pour des représentants officieux des opinions gouvernementales. Rappelez-vous la *Patrie*. La *Patrie* a dit en termes formels les vues que le gouvernement français devait avoir relativement à la Sardaigne.

La révision des traités de 1815 a été proclamée comme une nécessité à la tribune du sénat, dans un discours célèbre qui a été publié et affiché par ordre du gouvernement, dans les 37,000 communes de France, et cela bien avant que M. de Flers écrivît la lettre innocente qu'il adresse à M. Wiessner. Comment ! ce qui peut être dit ailleurs, ce qui a été proclamé par des voix autorisées, ce qui court le monde de temps en temps, ces bruits qui se répandent et sont recueillis par des organes non pas complétement officiels, mais semi-officiels, quasi-officiels, M. de Flers, en recommandant de ne pas le publier, ne pouvait pas écrire à un ami : Je crois savoir... ; j'entends dire...; voilà un bruit qui court...? Ce serait là la preuve d'une intention, d'un projet manifeste d'exciter à la haine et au mépris du gouvernement de l'Empereur ?

Certainement la Cour ne verra autre chose dans une pareille lettre que l'habitude prise par M. de Flers de recueillir les bruits qui couraient, et dont la source, on le voit, était quelquefois dangereuse, précisément parce qu'elle était très élevée, et puis de les transmettre à M. Wiessner, avec lequel à cette époque, comme avec M. Berardi, il n'avait qu'une correspondance d'amitié, et non pas la correspondance qu'il avait eue autrefois.

On ne rapporte donc rien, quant à l'*Indépendance belge* et au *Journal de Dresde*, qui établisse le caractère hostile que l'accusation reproche aux correspondances émanées de M. de Flers.

Sera-t-on, je ne dis pas plus heureux, mais réussira-t-on mieux relativement au *Journal de Genève* ?

M. de Flers, quant au *Journal de Genève*, a également cessé toute correspondance à l'époque où il l'avait promis à M. le premier président Barthe, et vous allez le voir constaté dans une lettre écrite à M. le comte de Flers, par le directeur du *Journal de Genève*, M. Adert. Il est bon de vous dire que le *Journal de Genève* est le journal conservateur de la ville de Genève, et qu'il est rédigé sous l'influence de toutes les grandes maisons de banque de Genève. M. Adert écrivait à la date du 15 juin 1861 :

« Mon cher Camille (M. le comte de Flers),

» L'ami qui vous remettra ce billet, y joindra quelques observations de vive voix. Vous me parlez toujours de la réaction napolitaine ; je vous dirai 1° que j'ai un correspondant à Naples de sorte que vous pourrez vous dispenser de me donner de Paris des nouvelles des Calabres. Veuillez, en outre, ne pas perdre de vue que l'Angleterre est la meilleure amie de notre petite Suisse et que de plus c'est (à mon avis du moins) l'ancre des libertés européennes, et je suis fâché de vous dire que vous me paraissez parfois livré dans vos correspondances à des préventions dont il serait temps (pour des Français sensés) de vous défaire. Votre père y mettait bien autrement de mesure lorsqu'il m'écrivait ; le fils me permettra de regretter cette époque, d'autant plus que votre collègue me paraît battre la campagne un peu plus souvent que son tour, politiquement parlant bien entendu. Nous sommes d'assez vieux amis, mon cher Camille, pour que vous ne preniez pas mes conseils en mauvaise part, n'est-ce pas ?

» Mille choses affectueuses de ma part à votre père. Il m'avait trop inquiété en me parlant de ses hémorrhagies : heureusement que depuis lors, Ernest l'a rencontré et m'a dit qu'il était tout à fait remis. J'en suis bien heureux pour votre excellente mère et pour vous.

» Tout à vous de cœur,

» *Signé* ADERT. »

Il y a un post-scriptum :

« Qu'est-ce que ce voyage du roi de Prusse et du grand-duc de Bade au camp de Châlons ? Vous ne m'en avez rien dit. »

Cette lettre prouve deux choses : c'est qu'en 1861 ce n'était plus M. de Flers qui écrivait au *Journal de Genève*. En outre c'est que M. le directeur regrettait la parfaite mesure que M. le marquis de Flers mettait dans sa correspondance avec lui.

Voilà ce que nous avons à répondre sur les numéros du *Journal de Genève* produits dans l'instruction. Mais à la date d'hier M. le procureur général a bien voulu me communiquer des numéros du même journal publiés depuis le 15 août jusqu'au 1er décembre 1860. On trouve dans ces numéros qui ont été faits à une époque où M. le marquis de Flers, non pas toujours, son fils commençait déjà à le remplacer, mais enfin souvent, écrivait au *Journal de Genève*, on trouve des choses qui paraissent répréhensibles à M. le procureur général, et, si j'ai bonne mémoire, les passages qu'il a cités dans cette correspondance de Paris, se rapportent à la cession à la France, de la Ligurie, de la Sardaigne et de l'île d'Elbe, à la révision des traités de 1815 ; à une lettre dans laquelle on dit qu'à Nice l'Empereur aurait été mal reçu et aurait couru des dangers; et enfin à une lettre écrite de Milan dans laquelle on dit que l'Empereur est perdu.

Je regrette beaucoup que cette liasse de journaux ait été recueillie et adressée si tard à M. le procureur général. Il en résulte qu'ils n'ont pas pu être mis, par M. le conseiller instructeur, sous les yeux du prévenu, qu'on n'a pas pu demander au prévenu s'il reconnaissait être l'auteur des correspondances qu'ils contiennent. Maintenant en son nom, voici les réponses que j'ai à faire.

Quant à ce qui concerne la cession de la Sardaigne et la révision des traités de 1815, il y est complétement étranger.

Quant à ce qui concerne les lettres de Nice et de Milan, vous pouvez examiner toutes les pièces saisies chez lui, vous y verrez qu'il avait des correspondants à Turin et à Naples; mais qu'il n'en avait ni à Nice ni à Milan, et que, par conséquent, ce n'est pas lui qui a pu recevoir ces nouvelles qu'on lui reproche d'avoir transmises au *Journal de Genève*, lequel du reste a des correspondants directs dans les villes d'Italie.

D'une manière générale les explications que j'ai à donner à la Cour sur la participation de M. de Flers au *Journal de Genève* sont celles-ci :

Le *Journal de Genève*, ainsi que la Cour l'a vu tout à l'heure dans la lettre écrite à M. le comte Camille de Flers, a plusieurs correspondants à **Paris**, c'est là un fait incontestable; j'ai entre les mains une lettre de M. Barmann, ancien ministre plénipotentiaire de Suisse à Paris, dans laquelle il constate qu'il est à sa connaissance parfaite que le *Journal de Genève* a plusieurs correspondants à Paris. Que résulte-t-il de là? Que le directeur du *Journal de Genève*, quand il reçoit ses correspondances de Paris, les prend, les recueille, choisit ce qu'il veut, les relie ensemble, et fait une correspondance unique, puis la met dans son journal. Maintenant comment procède la prévention? Elle prend une correspondance tout entière qui émane de deux ou trois correspondants, et elle rend M. de Flers responsable de tout ce qui s'y trouve. C'est un mode d'accusation que je ne puis accepter à aucun degré. M. de Flers se tient pour responsable et accepte la responsabilité de tout ce qu'il a écrit, rien de plus. Qu'on l'interroge sur les lettres du *Journal de Genève*, il dira à la Cour les passages qui sont de sa plume. Mais il ne peut accepter la responsabilité de tout ce qui se trouve dans le journal sous le titre de *Correspondance parisienne*.

Dites-lui : vous avez été imprudent, vous avez envoyé une correspondance et vous saviez qu'elle allait faire corps avec d'autres correspondances et que vous en deviendriez responsable en quelque mesure. M. de Flers ne croit pas avoir été imprudent; il était admis qu'il ne répondait que de ce qui portait sa signature; IL NE S'EST JAMAIS CONSIDÉRÉ COMME RESPONSABLE DE CE QUI ÉMANAIT D'AUTRUI. Je ne comprends pas qu'une accusation d'intelligences à l'extérieur pour exciter à la haine et au mépris du gouvernement de l'Empereur, se fonde uniquement sur la correspondance de plusieurs personnes, en attribuant à l'une d'elles comme solidaire, tout ce que les autres ont écrit. Cette solidarité est contraire à toutes nos lois, je la repousse énergiquement. A aucun degré M. de Flers ne peut l'accepter. Qu'on signale ce qui émane de lui, qu'on l'interroge, il répondra loyalement, et on ne trouvera rien qui sorte des limites de cette modération, de cette mesure, que M. Adert reconnaissait en lui dans la lettre que je vous ai lue.

J'en aurais fini si je n'avais à vous parler que de ce qui a été rappelé par le réquisitoire de M. le procureur général, mais comme il y a d'autres documents joints au procès, comme M. de Flers a été interrogé sur ces autres documents, comme la Cour, en les parcourant, peut en être préoccupée, je tiens à en dire quelques mots.

Ainsi, il y a une correspondance très volumineuse de Naples. On écrivait de Naples le plus souvent à un ami de M. de Flers, mais quelquefois à lui-même. On a pris chez lui toute cette correspondance; elle est produite à l'instruction, quoiqu'il n'y ait pas un mot de lui. Mais enfin on trouve dans cette correspondance des choses hostiles quelquefois au gouvernement de l'Empereur, et on paraît vouloir les reprocher à M. de Flers.

Nous ne pouvons pas accepter cela, et même je demande à la Cour de lui faire une indication qui servira à montrer que M. de Flers n'était pas ce correspondant haineux et emporté qu'on signalait tout à l'heure. M. de Flers tenait, comme beaucoup de personnes, à savoir exactement ce qui se passait en Italie. Il recevait quelques lettres de Naples et il en est qui remontent à l'époque où il écrivait à *l'Indépendance belge*, au *Journal de Dresde* et au *Journal de Genève*. S'il avait été animé des sentiments hostiles qu'on lui prête à l'égard du gouvernement impérial, il y a une chose qu'il aurait faite inévitablement. Il aurait pris ces renseignements qu'il recevait de Naples et les aurait envoyés immédiatement à Dresde, à Bruxelles ou à Genève et dans les journaux de Genève, de Dresde, de Bruxelles nous verrions le retentissement animé, passionné de ce qui lui était adressé de Naples. Je demande à la Cour de faire cette épreuve et de voir si, en effet, M. de Flers qui avait tous ces renseignements en mains, en a fait l'usage hostile qu'il lui était possible d'en faire. Je ne crains pas de dire que la Cour verra tout le contraire.

Permettez-moi d'en donner un exemple. Dans cette correspondance de Naples on parle beaucoup et on donne des détails infinis, sur les intrigues qui auraient lieu à Naples pour remettre le prince Murat sur le trône qu'a occupé son père. L'occasion était bonne, si M. de Flers avait été animé de sentiments hostiles, s'il avait voulu troubler la paix de l'Europe; eh bien, recherchez dans la correspondance qu'il a envoyée à Dresde, à Genève, à Bruxelles, et vous n'y trouverez rien qui se rapporte aux intrigues du parti Muratiste. Je pourrais citer de nombreux exemples. Je ne veux pas le faire peur éviter de prononcer des noms propres.

Il y a encore au dossier des lettres que M. Montanelli lui écrivait de Florence pour lui demander s'il voudrait correspondre avec un journal appelé *Nuova-Europa*. M. de Flers a répondu qu'il ne correspondait plus. C'était en 1861, après la promesse expresse qu'il avait faite à M. Barthe. Du reste, dans les lettres de M. Montanelli il n'y a rien à relever.

Enfin on a trouvé chez son secrétaire, M. Landwehr, des notes écrites de la main de M. de Flers, et qui évidemment ont servi à rédiger des correspondances envoyées ensuite à l'étranger. Il était naturel, légitime de consulter ces notes, œuvres certaines de M. de Flers pour découvrir les sentiments passionnés qu'il nourrissait contre le gouvernement français. Vous lirez ces notes.

Il y en a une, et c'est la plus coupable, où on parle d'un bruit qui s'était répandu dans Paris, sur la difficulté que la ville de Paris a éprouvée pendant trois jours pour placer des obligations qu'elle voulait émettre.

On y voit encore, des réflexions comme celle-ci, que M. de Flers communiquait à son secrétaire : « Note sur un monument élevé en Bretagne. » Le *Times* accusait l'Empereur à cette occasion, M. de Flers l'en disculpe, disant que ce monument a été élevé par une souscription privée.

En voici une autre où, à propos de la conduite de M. de Thouvenel, il dit : « L'Empereur tient à faire preuve de modération de ce côté. » C'est toujours relativement aux affaires d'Italie.

De manière que dans ce qui est bien certainement de M. de Flers, c'est de l'impartialité que vous rencontrez, aucune passion ; vous ne trouverez pas, relativement au chef du gouvernement, ni relativement au gouvernement lui-même, un mot écrit de la main de M. de Flers qui ne soit convenable à sa position. Je ne parle pas de sa position de magistrat, mais de la position d'homme de bonne compagnie qu'il tient dans le monde, et d'homme essentiellement modéré dans ses opinions comme dans son langage.

J'en ai fini sur l'examen des faits dans lesquels on voulait trouver les preuves, les indices, du moins, d'une passion prononcée de M. de Flers tendant à provoquer des troubles en Europe et à exciter la haine contre le gouvernement impérial. Vous le voyez, j'ai passé en revue tous les documents, je n'en ai omis aucun, et si j'ai mis de côté ceux qui sont antérieurs de plus de trois ans à la poursuite, ce n'est pas que je ne pusse en faire un examen aussi satisfaisant que je ne l'ai fait des documents postérieurs, mais c'est que je ne veux pas multiplier sans utilité ces fastidieux détails. En examinant ceux qui doivent y être retenus, je trouve des correspondances dont le caractère n'est pas douteux, ce sont les bruits du monde recueillis dans Paris et envoyés à l'étranger.

Je pourrais m'arrêter là si je n'avais un mot à ajouter.

M. le procureur général a insisté sur deux choses : M. de Flers, a-t-il dit, a demandé des concessions de chemins de fer ; M. de Flers a reçu le prix des lettres qu'il envoyait à l'étranger.

Il y a là je ne sais quelle idée de spéculation qui ne convient pas à un magistrat, et peut-être la Cour serait-elle portée, si, comme je l'espère, elle ne reconnaît rien au procès qui ait le caractère d'un délit, à infliger à M. de Flers un blâme pour les deux actes que je viens de rappeler.

Si j'avais à les justifier, j'entrerais dans quelques détails, je montrerais comment M. de Flers s'est occupé de concessions de chemins de fer non dans son intérêt, mais dans l'intérêt de son fils qui n'avait pas de position officielle, qui voulait suivre une carrière indépendante. J'expliquerais par l'habitude prise dans les premiers moments, et très légitime à cette époque, de recevoir le prix de sa correspondance, la rémunération qu'il a continué à recevoir. Mais je me demande à quoi tout cela conduit ; je me demande si ce n'est pas l'examen d'une question toute disciplinaire, au lieu de l'examen d'une question correctionnelle ou criminelle. Et lorsque nous entrons sur le terrain disciplinaire, je sens moi-même que le terrain devient différent, je n'ai plus de prescription à opposer pour les lettres antérieures de trois ans à la poursuite ; je n'ai plus à me préoccuper de la loi du 27 février 1858, et si la conduite de M. de Flers avait été blâmable sous quelques rapports, peu importerait qu'elle eût été blâmable avant la loi de sûreté générale, ou qu'elle l'eût été depuis ; mais je n'ai pas à traiter ces questions qui sont, je le répète, purement disciplinaires. Je ne dis à la Cour que ce seul mot. Si M. de Flers appartenait à un des corps placés sous sa haute et sage juridiction, je comprendrais que la Cour, tout en l'acquittant d'un délit qu'il n'a pas commis, pût insérer dans son arrêt un blâme. Mais M. de Flers appartient lui-même à une Cour souveraine. A la suite de la prévention portée contre lui, on peut appeler cette Cour souveraine à s'occuper d'une poursuite disciplinaire contre M. de Flers ; je demande à la Cour de ne pas anticiper, dans les motifs de son arrêt, sur la décision disciplinaire que la Cour des comptes peut être appelée à prononcer.

M. LE PROCUREUR GÉNÉRAL. — J'aurais besoin de voir les pièces qu'on vient de lire, il y a des lettres que je n'ai pas, il y a des pièces qui ne m'ont pas été communiquées ; je demande le renvoi à demain.

RÉPLIQUE DE M. LE PROCUREUR GÉNÉRAL CHAIX D'EST-ANGE.

Messieurs,

Sur la loi dont nous demandons l'application, nous sommes d'accord avec le défenseur de M. de Flers. Il faut matériellement avoir provoqué des *intelligences !* Le mot est parfaitement clair. Depuis longtemps il est compris, usité, employé dans la langue du droit comme dans la langue du monde. Il ne peut par conséquent donner lieu à aucune espèce d'équivoque. Il comprend sans doute, dans son acception légale, des modes d'action divers et variés. Ainsi, la correspondance est un des moyens à l'aide desquels les intelligences peuvent être entretenues ; de même les instructions verbales qui seraient données à des complices ou tout autre signe extérieur à l'aide duquel on conviendrait de s'entendre. Mais quant au sens, quant à la valeur du mot *intelligences*, il n'y a aucune espèce de doute qui puisse un moment vous arrêter.

A côté de ce fait matériel, il faut, comme dans tout délit, l'intention coupable, le but criminel. Comme les moyens d'action, le but est essentiellement variable. Ce peut être, par exemple, de livrer un corps d'armée à l'ennemi, ou de lui livrer un secret d'État dont on aurait eu la révélation par suite de ses fonctions. Crime grave, odieux, qui dans tous les temps, chez tous les peuples, a excité l'animadversion publique au plus haut degré, à ce point que, dans tous les temps et chez tous les peuples, il a été puni de mort. Le but criminel peut être aussi de troubler la paix publique ou d'exciter à la haine et au mépris du gouvernement établi. Sont-ce là aussi des mots insaisissables, qui n'offrent qu'un sens vague et indéterminé ? Mais depuis longtemps ils sont acclimatés dans la langue du droit. On les retrouve dans l'ordonnance de 1566, dans la loi de 1822 sur la presse, dans celle de 1849, et leur signification n'a jamais semblé douteuse ni aux jurisconsultes qui ont commenté ces lois, ni aux magistrats qui les ont appliquées.

Il y a deux sortes d'intelligences : celles qui ont un but matériel et saisissable, comme de livrer une place forte, de trahir la marche de l'armée, et celles qui ont pour but de frapper moralement et de porter atteinte à l'honneur et à la considération, comme la diffamation à l'égard des simples citoyens, comme l'excitation à la haine et au mépris contre les gouvernements. On a dit qu'il y avait un abîme entre ces ordres de faits. Oui, sans doute, la criminalité n'est pas la même, et cependant, qu'on me permette de le dire, — que l'honorable défenseur me permette de penser qu'en parlant ainsi, je réponds à ses propres sentiments, à sa propre conscience, — il y a dans l'attaque injurieuse, dans la calomnie contre le gouvernement, sinon un acte plus coupable, du moins un péril aussi grand. Nous sommes dans un pays où hommes et gouvernements vivent d'honneur plus encore que de puissance. Lorsque le gouvernement est systématiquement attaqué, lorsqu'à force de calomnies, d'invectives, d'insultes, de suppositions, de fausses nouvelles, on travestit chaque jour le caractère et la portée de ses actes, le gouvernement tombe dans le mépris public, et il est bien près de sa ruine ; et je trouve qu'une action éclatante de perfidie et de trahison, qui pourrait lui être reprochée, lui ferait assurément plus de mal qu'un fort livré à l'ennemi. Ce n'est pas une bataille perdue qui fait tomber les gouvernements, c'est la désaffection et le mépris ; c'est par là qu'ils succombent bien plus que par les échecs militaires. L'excitation à la haine et au mépris du gouvernement est donc un danger véritable autant qu'un acte odieux ; et quant à moi, si je considère le péril public ou la moralité de l'action, il me semble que, malgré moi, — car je suis attaché à la loi et je veux juger comme elle, — il me semble que malgré moi, entraîné par la grandeur du péril, je trouve que le crime de celui qui livre un fort a des conséquences moins terribles que l'entreprise de celui qui s'est dit : « Je veux saper ce gouvernement, le faire tomber pièce à pièce, le couvrir de boue et le renverser sous le coup de l'animadversion et de la déconsidération publiques. »

Quoi qu'il en soit, messieurs, et laissant ces considérations, M. de Flers a-t-il entretenu matériellement des intelligences, soit au dedans, soit au dehors ? Nous sommes d'accord sur ce point, nous en produisons les preuves, et nous produirions au besoin ses aveux. Il a eu affaire à dix, douze, quinze journaux ; il leur a, pendant des années, adressé des correspondances : nul doute, je le répète, sur ce premier point.

Cependant on a critiqué la procédure à l'aide de laquelle nous nous sommes procuré ces preuves, et on a prétendu qu'elle est irrégulière. En quoi ? il faut le rechercher. Est-ce par une question de principe ? Est-ce seulement par une considération de fait ? Une question de principe ? C'est le préfet de police qui a délivré le mandat pour opérer la saisie qui a été faite à la poste le 22 juillet, et le mandat pour faire la perquisition qui a eu lieu au domicile de M. de Flers le 24. Le préfet de police avait-il ce droit ? On l'a parfois nié ; mais la question, et je n'y reviendrai pas, a été définitivement tranchée par un arrêt du 21 novembre 1853, rendu par les chambres réunies de la Cour de cassation. Ce serait abuser de vos moments que de rentrer ici dans une pareille controverse. Le mandat a donc été bien lancé, et le préfet de police a régulièrement agi dans la limite de ses pouvoirs.

Mais il y a, dit-on, une question de fait. Le commissaire de police délégué n'a pas exécuté son mandat comme il devait le faire. Ainsi, il a oublié les prescriptions des articles 36, 37, 38 du Code d'instruction criminelle ; il aurait fallu que les papiers saisis eussent été mis dans un sac, ficelé et cacheté, tandis qu'ils ont été emportés confusément. C'est là un fait inexact, et qui est démenti par le procès-verbal même de la saisie faite chez M. de Flers.

On a dit encore qu'on n'avait pas fait signer M. de Flers au procès-verbal. C'est vrai, c'est là une omission. Quelle en est la valeur ? Vous apprécierez. Mais le défenseur sait à merveille que, si en général on fait signer le prévenu lorsqu'il est présent, l'absence de sa signature n'est pas à peine de nullité, et n'ôte rien à la régularité de la procédure. Seulement, M. de Flers a été amené par là à insinuer, très timidement d'abord, que peut-être on lui avait dérobé des pièces. Lesquelles ? Il n'a pas pu le dire. Il y a au dossier une correspondance de M. de Montalivet et quelques lettres de M. de Cavour, qui sont parfaitement étrangères au procès. On aurait pris des lettres de M. de Montalivet, de M. de Cavour ? Pourquoi faire ? Au reste, lorsque dans son interrogatoire du 6 novembre on le presse sur ce point, lorsque M. le conseiller instructeur l'invite à s'expliquer, M. de Flers se contente de répondre qu'il n'a rien à ajouter. Voici cette partie de son interrogatoire :

INTERROGATOIRE DU MARQUIS DE FLERS.

« *D.* Vous dites à la fin de la lettre dans laquelle vous protestez contre les mesures dont vous avez été l'objet, que celles qui ont été écrites par vous ou qui vous ont été adressées, et qui ont été saisies à la poste, paraissent avoir été tenues en dehors de l'instruction, et vous demandez qu'elles vous soient rendues.

Je dois vous faire remarquer ce qu'il y a d'inexact dans cette assertion ; aucune des pièces saisies chez vous n'est restée en dehors de l'instruction qui les a, au contraire, examinées toutes fort scrupuleusement.

Je vous ai même représenté les plus importantes de ces pièces, y compris les lettres, et j'ai recueilli vos explications à leur égard. Elles sont toutes au dossier, et ce sont des documents qu'il est impossible de vous remettre, puisqu'ils forment l'une des bases de la poursuite dirigée contre vous.

Nous recevons néanmoins votre protestation, et après l'avoir contresignée et fait contresigner par vous, nous allons l'annexer au dossier.

R. Je me suis mal exprimé, sans doute : je veux parler des lettres qu'on dit qui ont été saisies, et qui n'ont pas été remises entre les mains de la justice.

D. On vous a trompé, les lettres qui ont été saisies ont été mises sous le scellé, elles ont fait l'objet de procès-verbaux. Toutes celles qui viennent de la perquisition opérée chez vous sont entre nos mains, et quant aux pièces qui ont été saisies à la poste, en vertu d'une délégation judiciaire de l'autorité compétente, je les ai déjà mises sous vos yeux.

R. Je n'ai rien à ajouter. »

«Non, la procédure n'a pas été irrégulière, la saisie a été pratiquée par un magistrat parfaitement compétent, on a procédé d'une façon tout à fait légale. On n'a pas demandé la signature de M. de Flers, mais les papiers ont été mis en liasses, sous les scellés, dans le même ordre qu'ils sont encore placés sous nos yeux.

Cependant on a, en ce qui concerne ces papiers saisis, cherché à établir une distinction que nous ne comprenons pas du tout. On a soutenu qu'une partie de ces pièces devait être distraite et absolument rejetée du débat. Pourquoi? Parce que ce sont des lettres ou des articles couverts par la prescription, ces lettres ayant été envoyées, et ces articles publiés avant l'existence même de la loi qui en fait un délit.

Qu'entend-on par là? Veut-on dire qu'il faut les rejeter de la prévention? On a cent fois raison. Mais il était inutile de le rappeler, soit à vous, soit à nous-même. Nous avons eu soin de reconnaître et de dire que M. de Flers n'était prévenu que pour les correspondances écrites par lui depuis moins de trois ans. Mais ces papiers, qui ne sont pas compris dans la poursuite, vont-ils être restitués à M. de Flers comme inutiles aux débats? Sans contredit non! Nous les gardons, non pas comme un élément légal du délit, mais comme un élément essentiel de la discussion; non pas pour le faire condamner, mais pour vous faire mieux apprécier, d'après leur caractère, l'esprit et le but de ceux dont nous demandons la condamnation.

De quoi s'agit-il, en effet? De savoir si M. de Flers a eu l'intention d'attaquer le gouvernement de l'Empereur et d'exciter contre lui le mépris et la haine. Voilà toute la question. Question morale, question d'intention, pour la solution de laquelle il faut scruter sa conscience et descendre dans le secret de son cœur. Eh bien! n'y a-t-il pas dans ces papiers, que personne n'a songé à incriminer, de quoi préparer notre conviction? Est-ce que nous ne pourrons pas les examiner? Est-ce que nous dépasserions les limites de notre droit en vous disant : « Vous savez de quel délit M. de Flers est accusé, eh bien! voici » une lettre trouvée chez lui qui démontre qu'il y avait un complot organisé, » afin d'établir à Paris un bureau central de correspondances hostiles, qu'il a » préparé cette agence par tels moyens, qu'il l'a fondée à telle époque, et qu'elle » n'avait qu'un but, l'excitation au mépris et à la haine du gouvernement? » Quand on dit qu'on ne pourrait pas retenir au procès une pareille lettre, parce qu'elle remonterait à plus de trois ans, et serait couverte par la prescription, on dit une chose qui n'est pas sérieuse et qui ne mérite pas de nous arrêter plus longtemps.

J'arrive maintenant au fond même de la cause. Un premier point est incontestablement acquis au procès : c'est que M. de Flers a entretenu des intelligences au dehors. Pourquoi et dans quel but? C'est là ce qu'il nous faut de nouveau rechercher et nettement établir devant vous, sans qu'un doute puisse rester dans vos esprits ni dans vos consciences sur l'intention du prévenu.

Essayerons-nous de démontrer seulement que M. de Flers, magistrat référendaire à la Cour des comptes, ayant prêté serment au gouvernement, est un esprit chagrin, morose, inquiet, troublé de peu, et mécontent du monde entier? Non, non, ce n'est pas là notre conviction, et nous avons plus à faire. Si la correspondance se bornait à être peu bienveillante, peu sympathique, à blâmer telle ou telle mesure, comme le font quelquefois et peuvent le faire les amis les plus dévoués du gouvernement, nous n'aurions rien à en dire, il n'y aurait pas là les éléments d'un procès criminel, et nous n'aurions pas appelé M. de Flers devant votre justice.

Il faut que nous cherchions et que nous trouvions davantage ; il faut que nous vous montrions qu'il y là un esprit, non pas inquiet, mais systématiquement ennemi ; usant, non pas du droit d'exprimer, comme chacun, une opinion plus ou moins libre, mais en abusant pour troubler le repos de l'Europe dans la mesure de ses forces ; ayant le parti pris de tout dénaturer, de tout incriminer, de tout accuser, les caractères publics et privés, les actes solennels comme ceux de la vie intime ; travestissant, insultant, appelant à grands cris, sans équivoque aucune, l'indignation et le mépris public sur le gouvernement, sur ses actes, sur ceux qui le servent, sur le chef de l'État lui-même, qui est infidèle à son devoir, qui trahit son pays, et qui le jette dans tous les hasards et dans toutes les aventures pour satisfaire un insatiable esprit d'envahissement et de conquête. Voilà ce qu'il faut que nous trouvions. Encore une fois, nous sommes tous d'accord sur les principes. Laissons à chacun ses libres et franches allures ; mais ne permettons pas que du fond de son cabinet, du haut de son observatoire stipendié, le fonctionnaire salarié puisse faire signe à toutes les puissances de la terre de venir porter le trouble dans son pays. Vous voyez que je ne marchande pas. J'établis quelle est la base de ma discussion, et quelle preuve j'ai à faire avant de dire au prévenu qu'il est coupable, et d'appeler sur sa tête les sévérités de la loi.

Eh bien ! entrons maintenant dans le débat.

Voyons ses opinions. Nous n'avons pas seulement ses écrits pour les apprécier. Il déclare, dans son interrogatoire et dans des termes qu'il est inutile de remettre sous vos yeux, qu'il est hostile aux principes et aux hommes de ce gouvernement-ci. Ah ! j'ai dit hier une chose dont je me repens, et dont je fais amende honorable. J'ai dit : « Il se vante quand il déclare qu'il est un » homme de parti. » Et quand j'examinais, en effet, les détails mercantiles de la correspondance, quand je lisais ces pièces émanées d'un magistrat, quand je voyais ce vulgaire marchand, ce marchand de mauvaise marchandise, tirant à lui quelques thalers et quelques sous de plus comme prix de ses honteux labeurs, je pensais que ce n'était pas là un homme de parti, un homme ayant des opinions ardentes et passionnées. Mais j'ai lu aussi le recueil de ses pensées, j'ai parcouru ces articles, ces chansons, ces documents immondes entassés au fond de son cabinet de fonctionnaire, et à cette passion insatiable, qui ne peut assez s'enivrer de calomnies et d'insultes, à cet esprit de vengeance, à cette infatigable ardeur, à cette haine que rien ne peut calmer, qu'aucune bonne action, aucun succès, aucune éclatante manifestation ne peuvent désarmer, qui salit tout et jette partout sa bave et son venin, oui, à ces traits, j'ai reconnu l'esprit de parti et ses fureurs !

Vous le connaissez maintenant tout entier. Il est hostile au principe même du gouvernement, il l'a lui-même déclaré. C'est là ce qu'il veut frapper, c'est là ce qu'il veut détruire, et pour y réussir dans la mesure de ses forces, il essaye de flétrir le principe dans l'homme qui le représente, dans le chef même de l'État. Voilà quelles sont ses opinions, et il est impossible qu'elles ne nous servent pas à apprécier ses actes. S'il a écrit sous cette influence, il est impossible que vous disiez seulement : « Ce sont là les écarts d'une plume famélique, » vous direz aussi : « Ce sont là les calculs de la passion, de la haine et de l'esprit de parti. »

Quand vous voyez d'ailleurs le caractère extérieur de cette correspondance, sans même l'interroger encore, quand vous voyez les précautions qui sont prises ; quand vous lisez cette lettre de Vienne, dans laquelle on lui dit : « N'envoyez pas telle pièce, je vais m'absenter, et à l'avenir je changerai de » signe afin qu'il soit impossible de vous reconnaître ; » quand vous le voyez se servir d'un chiffre pour écrire à tel ou tel journal ; quand enfin ces correspondances sont publiées dans les feuilles les plus ouvertement hostiles au gouvernement, il vous est bien difficile de penser que ces correspondances mystérieuses dont l'auteur prend tant de peine pour se cacher et craint tant d'être reconnu, ne sont pas coupables.

Telle est la présomption grave et presque accablante déjà, qui ressort, contre M. de Flers, de ce premier examen de l'affaire. Ah ! nous serions bien aveugles, — le défenseur, le loyal, honnête autant qu'habile défenseur qu'a choisi M. de Flers, le reconnaîtra assurément, — nous serions bien aveugles si nous ne voyions pas que c'est l'esprit de parti, autant que l'amour de l'argent qui lui a mis la plume à la main, qu'il était poussé à la fois par une misérable soif de gain et par la haine la plus ardente, et que son esprit était également livré à ces deux passions !

Examinons donc cette correspondance, jetons un coup d'œil sur ces journaux. Nous allons y voir que tous les jours il y a un travail complet où l'esprit qui les anime se révèle, où le but qu'ils veulent atteindre est clairement indiqué, où l'intention de nuire au gouvernement de l'Empereur est manifeste à chaque ligne. Voici, par exemple, la *Gazette d'Augsbourg*. J'ignore, messieurs, si vous savez quel sont ses sentiments politiques, ses hostilités, ses haines. Si vous ne le saviez pas, il y a au dossier un document qui va vous l'apprendre. Écoutez cette lettre :

« Monsieur le marquis,

» Votre facteur bien *dévoué* et d'une *probité hors d'épreuve*, a néanmoins oublié avant-hier d'apporter une lettre à la poste pour le rédacteur en chef de l'*Indépendance belge*. J'ai un grand intérêt de connaître nom, situation, caractère du sieur Y.... le correspondant officiel du journal.

» M. le baron de B... a été chez nous, au nom de M. X..., notre correspondant officiel. Nous l'avons dit franchement que nous n'aimions pas le gouvernement actuel, *mais nous n'attaquons que son principe*, jamais les personnes. Ce principe est d'une mauvaise influence sur notre patrie..... »

Le baron de B..., qui est-ce ? Pas d'équivoque, c'est M. le baron de Bourgoing. Il s'inquiétait, et il avait raison, des attaques incessantes qui étaient dirigées contre la France, dans la correspondance de Paris de la *Gazette d'Augsbourg*.

Voilà une des lettres, c'est celle du 6 octobre. Il y en a une autre du 16 mars 1855, c'est celle que j'ai eu hier l'honneur de vous lire en partie et

que je vous demande la permission de faire passer en entier sous vos yeux.
Elle est du même M. Herman Orges :

« J'ai eu beaucoup de plaisir à recevoir votre première lettre, après le grand
silence.....
» La *Gazette d'Ausbourg* tient beaucoup à cette correspondance, parce que vos
idées politiques sont les mêmes que les nôtres, et malgré tous les succès momentanés, vous restez convaincu que jamais un gouvernement basé sur un acte de la
plus grande immoralité, représenté dans sa majorité par des hommes suspects, ne
peut fonder pour un peuple un avenir assuré, surtout par une corruption systématique. Notre opposition, dans tout ce qui concerne la France, n'est jamais contre
le peuple, seulement contre le gouvernement.
» Vous pouvez compter, monsieur le marquis, que nous reproduirons toujours
vos pensées promptement et exactes, car nous sommes convaincus que votre juge-
ment n'a d'autre but que l'intérêt du peuple français. »

L'intérêt du peuple français ! C'est ainsi que lui parle un Bavarois hostile
au principe même du gouvernement.

Je continue et je recommande ce passage si grave à toute l'attention de la
Cour :

» SI VOUS POUVEZ NOUS DONNER QUELQUES RENSEIGNEMENTS SUR LA
VÉRITABLE SITUATION DE L'ARMÉE EN CRIMÉE, et des provinces, nous vous
serons très obligés. »

Êtes-vous éclairés maintenant sur ses opinions, sur ses intentions, sur son
caractère ? Est-il assez hostile au gouvernement de son pays, le fonctionnaire
public à qui le directeur de la *Gazette d'Augsbourg* écrit : « Vos sentiments
» politiques sont les nôtres ? » Est-il assez étranger à tous les sentiments
de délicatesse et d'honneur, le fonctionnaire public auquel on adresse de
pareilles demandes ? Ah ! il ne s'agit plus de ce travail secret, souterrain,
difficile à saisir, qui consiste à dénigrer le gouvernement aux yeux des honnêtes gens et à le saper par la diffamation. On ose dire maintenant à cet
homme qui a tendu la main pour recevoir le prix de ses libelles : « Si vous
» pouviez nous donner quelques renseignements sur l'armée en Crimée » ! et
on ose le lui dire au plus fort de la guerre, au plus fort du péril, au moment
où nos soldats étaient exposés, dans ces régions lointaines, à l'action d'un
climat aussi redoutable que le feu de l'ennemi ! « Si vous pouviez nous donner
» quelques renseignements sur la situation de votre armée ! »
On vous dira qu'il ne l'a pas fait. J'aime à penser qu'il n'a pas donné ces
renseignements, qu'il ne pouvait pas les donner, qu'il ne pouvait pas
pénétrer, pour les connaître, dans les bureaux du ministère de la guerre.
Je l'espère, je le crois, il n'a pas commis une aussi odieuse lâcheté. Mais,
est-ce que cela nous suffit ? Mais s'est-il révolté contre l'infâme action dont
on l'a cru capable ? A-t-il écrit au directeur de la *Gazette d'Augsbourg* :
« *Vade retro, Satanas ?* » Non, non, il est resté le correspondant fidèle, le
correspondant politique de ceux dont il partageait d'ailleurs tous les sentiments.

On vous dira peut-être : « mais la Bavière était alors une puissance neutre, et non une puissance ennemie de la France. Quelle différence ! » Sans doute. Je ne la trouve pourtant pas si grande ni en droit, ni en fait. Je ne la trouve pas si grande en droit, parce que la loi ne la fait pas toujours. Ainsi l'art. 80 du Code pénal parle du fonctionnaire qui aura livré les secrets de l'État et qui est puni de mort. Je ne sais pas si quelqu'un réclamerait contre l'application d'une telle peine ; c'est là, en effet, le plus grand crime social qu'on puisse commettre. Eh bien ! que ces secrets soient livrés à une puissance ennemie qui a déjà déployé ses drapeaux contre nous, ou à une puissance qui ne s'est pas encore déclarée, qui attend l'heure favorable pour nous montrer ouvertement son mauvais vouloir, qui regarde à l'horizon, qui cherche à connaître la vraie situation de l'armée française, pour savoir quand et contre qui elle devra prendre les armes, le législateur n'a pas fait, il n'a pas voulu faire de distinction. Quoi ! vous pactisez avec une puissance étrangère, et vous croyez vous excuser en disant que cette puissance n'est pas ennemie ? Mais elle peut l'être demain, et alors que deviendront les secrets de l'État ? N'en profitera-t-elle pas contre nous ? Ne les fera-t-elle pas tourner contre l'honneur, la gloire et le salut de notre pays ? Vous voyez donc que la différence n'est pas aussi grande qu'il vous plaît de le dire, et que le législateur a été sage quand il n'a pas voulu la sanctionner dans l'article 80.

Après avoir appelé votre attention sur ce qui rattache M. de Flers à la *Gazette d'Augsbourg*, je veux dire quelques mots de sa correspondance du *Journal de Dresde*. Celle-là a un caractère tout particulier. Le *Journal de Dresde*, feuille semi-officielle, est dirigé par un employé du ministère des affaires étrangères, M. Wiessner, et rédigé sous les inspirations du ministre lui-même, M. de Beust. M. de Flers entretient une correspondance avec ce journal. Je vous avais dit hier à quel point elle était hostile. On l'a contesté, je veux l'établir. Je vous avais dit qu'à plusieurs reprises et notamment à l'occasion de la mort de monseigneur Sibour, son correspondant de Dresde avait dû donner à M. de Flers des leçons de modération. On l'a également contesté, je veux vous lire les lettres elles-mêmes, qui rendront, je pense, toute discussion sur ce point superflue.

Lettre de M. Wiessner du 4 décembre 1855.

« Vos correspondances contiennent quelquefois des détails qui entrent un peu trop dans le domaine des personnalités pour être publiées dans les colonnes de l'organe officiel d'un gouvernement qui croit de son devoir d'éviter tout ce qui pourrait blesser un autre gouvernement ou les puissances qui lui sont rapprochées, mais cela n'empêche pas que ce genre de communication ne soit ou instructif pour nous, ou tout au moins d'un intérêt assez grand pour nous faire désirer qu'elles ne soient interrompues. »

Lettre du même, du 24 janvier 1857.

« J'ai eu l'occasion de vous faire remarquer que le caractère du journal de Dresde est celui du *Moniteur officiel* pour la Saxe royale. De ce caractère découle tous les égards que nous devons prendre non-seulement à l'égard des affaires intérieures, mais bien plus encore à l'égard de l'étranger. Pour ce qui est de la

France, je dois vous dire que votre ministre, M. le baron de Forth-Rouen, avec lequel je suis du reste personnellement au mieux, se fait traduire mot par mot tout ce qui se trouve dans le journal sur la France, et qu'il fait des réclamations auprès de M. de Beust contre tout ce qui ne lui convient pas. Or, une de vos correspondances, écrite immédiatement après l'assassinat de M. Sibour, et faisant une critique assez acerbe de celui-ci, de son adulation, de ses antécédents vis-à-vis de l'affaire Mannin, etc., a été l'objet d'une de ses plus vives réclamations, et la suite immédiate à été pour moi ce qu'on n'appellerait pas précisément une approbation.....

» Je vous assure, selon ce que j'ai remarqué l'autre jour, on préférera en haut lieu de ne plus s'exposer à des réclamations, dont une deuxième ou troisième pourrait facilement amener une résolution de se passer de toute correspondance écrite en français.

» ..... Veuillez donc, monsieur, je vous prie instamment, écrire vos lettres, à l'avenir, de la sorte, qu'elles répondent strictement à ce que un « *Moniteur* » pourrait imprimer sans crainte de susciter des réclamations, surtout rien contre tout ce qui touche au gouvernement français, point de rapports qui portent ombrage à l'Autriche (ou M. de Hubner), ou à la Prusse ; point d'anecdotes personnelles piquantes. C'est dur, je le sais, mais c'est de rigueur.

» Arrangez donc vos lettres pour qu'elles puissent être traduites et imprimées, sans que je les ai révisées auparavant, car maintes fois je ne pourrai pas le faire. »

Pour vous faire connaître enfin la véritable situation de M. de Flers au *Journal de Dresde*, je vous demande la permission de vous citer encore un fragment d'une lettre de Wiessner du 5 avril 1855. M. de Flers s'était absenté ; il avait été remplacé par un de ses amis, ou plutôt par un de ses commis, qui faisait au besoin sa correspondance.

« ..... Je voudrais le prier d'apporter un petit changement à l'ordre de l'envoi de ses lettres si, ce qui va sans dire, cela peut se concilier avec ses arrangements, et m'adresser une lettre vendredi, au lieu de jeudi comme il a fait jusqu'ici, parce que cela répondrait beaucoup mieux aux dispositions à prendre par nous. *Il connaît l'usage double que nous faisons de sa correspondance* et c'est de ce chef-là, que je voudrais le prier *d'employer surtout dans ses lettres qu'il m'adresse les dimanches toute sa sollicitude pour les faire inoffensives,* telles qu'un journal comme le nôtre, qui vient d'être proclamé devant les chambres comme étant le seul organe officiel du gouvernement, puisse les insérer sans s'exposer à des réclamations de quelque part que ce soit. Je n'ai pas besoin d'ajouter qu'en disant ceci, je pense avant tout aux personnages d'une position élevée dans le régime français actuel. »

Qu'est-ce que cela, et que veut-on dire ? Vous aviez deux correspondances, celle du dimanche et celle du jeudi, on en faisait un usage double ! « Il faut » que celle-ci soit plus inoffensive que celle-là! » J'ai voulu savoir quelle était la clef de cet *usage double*, et j'en ai trouvé l'explication fort claire dans une lettre du même M. Wiessner, qui est de quelques mois antérieure à celle que je viens de vous lire :

« Voici la combinaison en question. Outre le *Journal de Dresde*, il se publie en Saxe encore un second journal officiel, la *Gazette de Leipzig* (ne pas confondre avec la *Gazette allemande universelle de Leipzig*, citée quelquefois ces jours-ci par le *Moniteur universel*, qui, malgré son caractère officiel, jouit de plus de latitude, et à juste titre ne passe pour l'organe aussi direct des intentions du gouvernement comme notre feuille. Or, je voudrais vous demander votre permission de faire insérer dans la *Gazette de Leipzig* telles de vos correspondances ou telles parties de celles-ci qui par suite d'égards quelquefois dictés par la situation du moment ne sauraient convenablement trouver place dans nos colonnes.

Ainsi, pour le *Journal de Dresde*, ayez soin d'adresser des lettres toujours modérées, qu'on puisse envoyer sur-le-champ et sans les revoir à l'imprimerie, qui n'excitent pas surtout les plaintes du ministre français. Pour le *Journal de Leipzig*, vous avez libre carrière et vous pouvez le fournir d'anecdotes, d'historiettes, de personnalités qui amusent le public, ou de considérations qui mettent à nu les ressorts de votre machine politique.

Voilà les instructions données à M. de Flers : vous savez comment il les a suivies.

Vous vous expliquez maintenant la petite lettre saisie à la poste le 21 juillet 1861. Vous vous rappelez que le paquet saisi contenait un reçu signé de M. de Flers, une lettre politique rédigée par son secrétaire et annotée par lui, et destinée sans doute à être insérée tout entière dans le *Journal de Dresde*, et enfin la petite lettre que voici :

« Voici, cher monsieur, la quittance pour le trimestre échu ; nous sommes dans un grand gâchis. Mais l'Empereur persiste dans sa politique et rêve la réconciliation du Pape et de Victor-Emmanuel. Pietri, son bras droit, a établi son quartier général en Corse pour continuer ses intrigues françaises en Sardaigne. »

On a dit que c'était là une nouvelle bien innocente et qui n'apprenait rien à personne, puisqu'elle était rapportée dans une lettre du 22 juillet, et que c'était le 20 juillet qu'il y avait eu une discussion à ce sujet au parlement anglais. Oui, mais vous en parliez six mois auparavant. C'est vous qui avez jeté la nouvelle dans la circulation, et elle était d'une nature si grave, elle avait si bien fait son chemin par vos soins, réchauffée et renouvelée vingt fois, comme je vous le prouverai tout à l'heure par le *Journal de Genève*, qu'elle avait été l'objet d'interpellations dans le parlement et qu'il avait fallu que le gouvernement français y donnât un démenti. Grâce à cette nouvelle, les amis de leur pays en France et en Angleterre se voyaient à deux doigts de la rupture de l'alliance. Cette nouvelle, répétée obstinément après le 22 juillet, a donné lieu encore à de nouveaux discours, et le gouvernement français s'est vu dans la nécessité, nécessité cruelle, de condescendre à démentir encore la fausse nouvelle inventée, reproduite, propagée partout par le zèle du fonctionnaire public, du référendaire à la Cour des comptes.

Ce n'est pas tout encore :

« Je crois savoir, ajoute la petite lettre, que des ouvertures ont été faites à la reine Christine pour le cession, par l'Espagne à la France, des îles de Minorque et de Majorque. »

Vous jugez si une pareille nouvelle était de nature à troubler la paix publique, à incendier l'Europe, à compromettre l'alliance anglaise.

« A ce prix, la France appuiera l'Espagne dans l'occupation de Tanger et de Tétouan, et on la tiendrait quitte de la dette de 100 millions qui remonte à 1823. On
dit que la reine Christine a été bien embarrassée..... »

J'appelle enfin toute l'attention de la Cour sur ces derniers mots :

« ON NE PEUT METTRE CELA DANS UN JOURNAL, MAIS AVERTISSEZ-EN
M. DE B... (M. de Beust), CECI SERA CONNU AVANT QUINZE JOURS. »

Vous appréciez toute l'importance de cette lettre. Voilà une première nouvelle déjà répandue, reproduite cent fois, propagée d'une façon si habile, si
obstinée, si éclatante, qu'elle a donné lieu à des interpellations à la tribune
anglaise, que le gouvernement français est descendu de ses hauteurs pour la
démentir, que le monde en a été ébranlé. Peut-être tout ce bruit va-t-il
s'apaiser ? Non, car voici une autre nouvelle, et nous verrons ce qui en advien-
dra. Est-elle uniquement faite pour amuser ce public dont la curiosité se joue
autour du tapis vert de la politique ? N'est-ce qu'un cancan politique ? Non
pas, c'est une nouvelle sérieuse, importante, non encore divulguée, « qui ne
peut pas être mise dans le journal, mais qui sera connue dans quinze jours. »
Allez chez votre ministre dirigeant, M. de Beust, qui tient tous les fils de la
politique européenne, allez le trouver, instruisez-le sans tarder de ce secret
que je vous communique, non pour le public, mais pour l'homme d'État, et
pour qu'il puisse en profiter aussitôt et prendre en conséquence ses mesures.

Voyons, messieurs, je le demande à tout le monde, à mon honorable et
loyal contradicteur lui-même. Il s'agit de savoir si M. de Flers est engagé
dans des correspondances qui ont pour but de troubler la paix publique.
Mais ne voyez-vous pas qu'il l'a troublée et qu'il la trouble tous les jours ?
Ne voyez-vous pas qu'un bruit semblable est de nature à mettre l'Europe en
feu et à allumer l'incendie d'un bout du monde à l'autre ? M. de Flers ne
peut pas démentir sa correspondance. Il a beau chercher mille expédients, il
ne peut échapper aux preuves qui l'accablent. Lorsqu'on le voit manifester
ses sentiments de haine à la *Gazette d'Augsbourg*, les produire dans le *Journal de Dresde*, les glisser dans l'oreille de M. de Beust, dont il trouble le
sommeil en lui disant : — « Prenez garde à l'homme qui gouverne la France ;
c'est l'ambition insatiable, car la Sardaigne ne lui suffit pas ; il ne se contente
plus de la Ligurie et de l'île d'Elbe ; il veut les Baléares, et il a imposé dans
ce but un traité à l'Espagne ; » est-ce qu'il est au monde un homme raison-
nable qui doute que cette correspondance à double face, à double objet, ait un
autre but que celui d'enflammer l'opinion publique, d'exciter la haine contre
cette ambition démesurée, et de soulever l'étranger contre le chef du gouvernement français ? Je n'ai pas besoin d'insister : voilà le correspondant du
Journal de Dresde et de la *Gazette de Leipzig*.

J'arrive au *Journal de Genève*, et il me reste à vous montrer ce qu'y a fait
cet homme infatigable dans cette lutte de chaque jour et dans ce travail inces-
sant pour troubler et pour égarer l'opinion publique en Europe.

Quel est son rôle dans le *Journal de Genève?* Il l'a dit dans son interro-
gatoire, il en était le correspondant *en titre*. Qu'est-ce que cela veut dire ?
Évidemment, qu'il en était l'unique correspondant, qu'il en était le maître.
S'il y en avait eu un autre, on le connaîtrait. D'ailleurs, permettez-moi de

vous le dire, le *Journal de Genève* ne joue pas dans le monde un assez grand rôle pour avoir un correspondant dans toutes les capitales de l'Europe, ni surtout pour en avoir deux. Il faisait un grand effort, quand il donnait une somme de 500 francs par trimestre au marquis de Flers, de telle sorte que quand celui-ci dit qu'il était son correspondant principal, on ne peut pas douter qu'il ne fût le seul.

Quand ont cessé ses correspondances? Il y a eu là-dessus quelques tergiversations de M. de Flers, et vous n'en serez pas étonnés, en vous rappelant les calculs misérables où il s'est jeté dans cette affaire. Dans son premier interrogatoire, il avait dit :

« J'ai cessé parce que le premier président de la cour des comptes m'a fait venir au mois de novembre et m'a donné un avertissement, alors j'ai pris l'engagement de ne plus écrire, *et aujourd'hui je ne suis plus correspondant.* »

Plus tard, c'est au mois de décembre qu'il a fixé la date de cet avertissement. Dans son dernier interrogatoire, il hésite encore et il dit qu'en définitive c'est à la fin de décembre qu'il a été remplacé par son fils qui déjà, à l'occasion, le suppléait.

Ce n'est pas vrai, il n'a jamais cessé d'être le correspondant du *Journal de Genève*, il n'a jamais été remplacé par son fils. En définitive, il avait reçu un avis un an auparavant, en 1859, de la part de M. le premier président qui lui avait déclaré que ses fonctions au sein de la grande compagnie à laquelle il était attaché, étaient incompatibles avec une pareille agence. Il avait promis de cesser de correspondre avec les journaux étrangers. A-t-il continué, oui ou non ? Il a continué. Il a reçu un second avis, en même temps, ô justice ! qu'il obtenait un grade supérieur. A-t-il continué ? Parfaitement, et nous en avons la preuve certaine. Nous en avons la preuve par l'origine même de l'affaire. Il a eu depuis le même secrétaire qu'auparavant. La preuve qu'il n'avait pas renoncé à ce métier, c'est qu'on l'a trouvé debout, dans son cabinet, à côté de son secrétaire, et lui dictant une correspondance politique ; c'est qu'on a saisi ses lettres à la poste. La première est annotée de sa main, et la seconde, celle que je viens de vous lire, démontre que la correspondance était double, que l'une était publique et signée, que l'autre était clandestine et anonyme. Est-ce que ce n'est pas à lui, d'ailleurs, qu'a été envoyé le trimestre ? — Ah ! oui, du mois de mai. C'est par erreur. — Par erreur ! — Oui, et voici une lettre qui l'établit. Cette lettre, messieurs, nous allons vous en donner lecture. Elle est jointe à son interrogatoire, voici comment elle est conçue :

Me DUFAURE. — De quelle date est cette lettre ?

M. LE PROCUREUR GÉNÉRAL. — Du 17 août 1861... Ainsi, c'est vingt jours après la saisie que vous produisez pour votre justification une lettre, de qui? de M. Wiessner, de votre correspondant du *Journal de Dresde ;* une lettre écrite dans quel but? Il n'y a pas besoin de commentaires, écoutez, messieurs :

« Ems, le 17 août 1861.

» Cher monsieur le marquis,

» Je viens vous demander un petit mot d'éclaircissement. Il était convenu entre M. le comte de Flers votre fils et moi, que pendant son absence de Paris, ce serait vous qui m'enverriez *pour lui*, le reçu d'un mandat émis par M. Michel Kaskel à Dresde, sur M. de Rothschild, et bon pour 483 francs, que je lui avais envoyé au mois de juillet.

» Ledit reçu ne m'est pas parvenu, or, puisqu'il est d'importance pour moi de savoir si le mandat en question est arrivé à son adresse, je vous prie d'avoir l'obligeance de bien vouloir m'envoyer *ici*, où je compte rester jusqu'au 27 courant, ou un reçu, ou un petit mot d'éclaircissement.

» *Signé* WIESSNER. »

Qui ne voit que c'est un certificat donné pour le besoin de l'affaire? On a même eu le soin, de peur sans doute qu'on ne s'y trompât, de souligner ces mots : « *pour lui* ». Voilà la lettre qu'on produit. Je n'en fais pas grand état, et la Cour a déjà apprécié ce qu'elle vaut.

Il continue donc d'écrire à partir de décembre, mais avec des précautions. En 1861, le *Journal de Genève* est censé avoir pris plusieurs correspondants. Ce qu'il n'avait jamais fait auparavant, il met, *correspondances de Paris*, et coupe sa correspondance en plusieurs parties, dont chacune paraît être l'œuvre d'un écrivain différent. A la bonne heure ! c'est un moyen d'être tranquille; c'est un moyen de se jouer de sa promesse, d'éluder les avertissements qui lui ont été donnés, et de dire, si on l'accuse d'être l'auteur de ces articles haineux, et si on lui prouve qu'il n'est pas devenu étranger au *Journal de Genève* : « C'est vrai, mais j'ai fait les correspondances innocentes, et non les correspondances coupables. » Voilà le moyen qu'on a imaginé ; et je comprends à merveille qu'un M. B... ait pu lui donner un certificat qui constate que le *Journal de Genève* a plus d'un correspondant.

Je trouve une autre lettre qui a été également jointe aux pièces, et qui porte, celle-là, la date du 15 juin 1861, c'est-à-dire une date antérieure au procès. C'est M. Adert, propriétaire du *Journal de Genève*, qui écrit à M. Camille de Flers :

« Mon cher Camille,

» ..... Je suis fâché de vous dire que vous me paraissez, parfois, céder à des passions dont il serait temps, pour des Français sensés, de se défaire. Vous me permettrez de vous dire que votre collègue (en correspondance) me paraît battre la campagne un peu plus souvent qu'à son tour. Eh ! mon cher comte, mon cher Camille, monsieur votre père y mettait bien autrement de mesure lorsqu'il m'écrivait. »

La lettre est merveilleuse. Elle est faite pour prouver que le journal a plus d'un correspondant, que M. de Flers n'y écrivait plus, que lorsqu'il écrivait, il y mettait infiniment de mesure... Malheureusement, elle n'est pas timbrée et n'a aucun caractère d'authenticité.

Voyons, en effet, quelle mesure il y mettait, et parcourons rapidement quelques-uns de ses articles. Je trouve d'abord, dans le journal du 12 septembre 1860, un passage de la correspondance qui se rattache à la lettre si capitale, si décisive, du 22 juillet 1861, sur la cession de la Sardaigne à la France :

« Tout le monde est convaincu qu'il existe entre l'Empereur et le Piémont un

arrangement secret. Je vous ai déjà dit de quelle nature pouvait être cet arrangement et par quelles concessions (Ligurie, Sardaigne, île d'Elbe, cédées à la France)
le Piémont était censé l'acheter. Je n'ai rien à ajouter aux renseignements que je
vous ai transmis à ce sujet, et je laisse à votre correspondant de Turin le soin de
vous renseigner plus complétement à cet égard. »

Voilà la nouvelle que le journal donnait le 12 septembre, et c'est le
20 juillet précédent que la tribune anglaise s'en était émue ; c'est dans le courant de juillet et d'août qu'elle avait été deux fois démentie par le *Moniteur*.
Eh bien ! la voici reproduite encore dans le numéro du 4 octobre :

« La diplomatie demeure de plus en plus persuadée qu'il existe un traité secret
entre la France et le Piémont, par lequel celui-ci nous céderait la Ligurie et l'île
de Sardaigne. *Vous devez vous rappeler combien j'ai été affirmatif sur ce point,
qui, maintenant,* paraît obtenir toute créance. »

21 août :

« Nous sommes à la guerre jusqu'au cou. Si les Autrichiens se remuaient vers
le Pô (Modène), cela n'étonnerait personne. Les étrangers qui passent par Milan,
venant d'Allemagne, croient que Napoléon est perdu. Les lettres anglaises inquiètent. »

Le 31 août, il écrit « que l'annexion de Nice et de la Savoie risque de soulever contre nous une coalition des quatre grandes puissances souveraines. »
Le 8 septembre :

« Toujours même torpeur à la Bourse. On y disait que l'Empereur avait ordonné
au maréchal Randon, ministre de la guerre, de tout préparer pour pouvoir lancer
au premier signal, et sur un point donné, une armée de 250 000 hommes. »

Comment voulez-vous que l'Europe ne soit pas effrayée, inquiète et troublée, quand un fonctionnaire public, un homme qui hante les salons officiels,
assure avec une persistance qu'aucun démenti ne peut décourager, que
l'Empereur exige du Piémont la Sardaigne et la Ligurie, qu'il demande à
l'Espagne les Baléares, qu'il prépare une armée de 250000 hommes pour une
expédition dont le but est inconnu ?
Voici maintenant sous quelles couleurs, tous les jours, il peint notre situation à l'intérieur. Ce sont les moins mauvaises, les moins hostiles de ses correspondances. Il faut inquiéter sur la santé de l'Empereur, qui est le centre
même du gouvernement, et l'appui sur lequel nous nous reposons tous. Il écrit :

« Il y a des gens qui disent que l'Empereur se porte bien, mais j'ajoute plus
de foi à quelques médecins de ma connaissance, qui prétendent que la santé de
l'Empereur est réellement altérée, et qu'il s'est récemment produit des symptômes
assez fâcheux qu'il s'agit de combattre. »

Le 14 juillet, la veille de nos saisies :

« On ne considère pas les nouvelles de Vichy comme très bonnes. L'Empereur
maigrit visiblement, son appétit diminue, et il se décide enfin à suivre scrupuleusement les directions de M. le docteur Rayer. On dit que le vin est à peu près
banni de la table impériale. »

Mais il faut surtout outrager le gouvernement ; il faut exciter contre lui la haine et le mépris. J'ai déjà eu occasion de vous citer ce passage sur le voyage de l'Empereur à Nice :

« On a dû prendre des précautions sérieuses pour la réception de l'Empereur à Nice. Les arrestations ont été si nombreuses que la prison de la ville en est pleine, etc. »

Le 3 octobre :

« Quelle étrange chose que le spectacle dont nous sommes les témoins ! Il dépend donc aujourd'hui d'un seul homme de faire tourner l'Europe d'un jour à l'autre sur ses gonds, et de bouleverser à chaque heure, pour ainsi dire, les principes politiques qui semblaient nous guider ! »

Je recommande à toute votre attention le passage que je vais faire passer sous vos yeux. L'Empereur était à Marseille au mois de septembre 1860. Il avait porté un toast à la ville de Marseille, il faut le dire, dans un magnifique langage, et, pour rassurer l'opinion publique, qu'on travaille sans cesse (et ce procès en est un mémorable exemple) à agiter, à égarer, il avait dit :

« Travaillons de toutes nos forces à développer les ressources de notre pays : les travaux de la paix ont à mes yeux des couronnes aussi belles que les lauriers.»

Et le correspondant, interprétant ces paroles au gré de sa passion, s'écrie :

« Tout cela est bien beau, tout cela est plus que rassurant... Eh bien ! comment se fait-il qu'en même temps que le télégraphe répand dans toute l'Europe ces paroles pacifiques, le bruit des armes retentisse plus que jamais, et qu'une guerre géné rale semble prête à éclater ? »

Comment cela se fait? Cela se fait, parce que vous ne cessez de répandre dans le monde les nouvelles les plus fausses et les plus alarmantes.

« Je préfère laisser aux événements le soin de répondre, et ils parlent assez clairement sans qu'il soit besoin de les commenter... »

Vous le voyez, ce sont partout les mêmes accusations et les mêmes calomnies.
Le 10 octobre :

« Je suis en mesure de vous affirmer deux choses : la première, que M. de Grammont s'était engagé, au nom de l'Empereur, à empêcher, même *par la force* (c'est écrit en toutes lettres) le mouvement des Piémontais ; la seconde, que le gé- néral de Goyon avait réitéré *de vive voix* les mêmes assurances à M. de Lamori- cière. »

Et moi, je puis vous affirmer que les deux choses ont été hautement dé- menties par M. de Grammont et par M. le général de Goyon.
Le 21 septembre :

« Vous avez pu lire dans le *Siècle* la déclaration de M. de Cavour que l'empe- reur Napoléon avait écrit aux puissances pour les détourner d'intervenir contre le Piémont en faveur du pouvoir temporel du Pape, *parce qu'il* (Napoléon) *répondait de la sûreté de Pie IX.* Je ne croyais pas, il faut l'avouer, à cette nouvelle, qui me paraissait fabriquée pour les besoins de la cause, par le journal qui s'en faisait l'éditeur responsable ; mais mon étonnement n'a pas été médiocre lorsque j'ai acquis la conviction de son exactitude parfaite, avec cette seule différence que la communication n'a point été écrite, mais verbale, à peu près comme celle relative à la cession du Chablais et du Faucigny à la Suisse, en date du 4 février, *verba volant, scripta manent*. Il est si facile, en effet, de nier ce dont aucune preuve matérielle n'existe. Au surplus, personne n'a été dupe de cette communication, et toutes les cours savent parfaitement à quoi s'en tenir là-dessus. »

Il est impossible de montrer plus de haine et de mépris pour le chef du gouvernement. On n'a pas écrit, cette fois, parce que *verba volant, scripta manent !* C'est commode, en effet, à supposer ; il est facile alors au calomniateur de pousser loin les accusations de duplicité, de fausseté, de trahison, de manquement à la parole donnée. Il tient le même langage à la date du 6 septembre :

« Quoi qu'il en soit, je vous répète qu'on s'est trompé en haut lieu, lorsqu'on a pensé en imposer à l'Angleterre et au reste de l'Europe par la poudre qu'on leur a jetée aux yeux, passez-moi cette expression trop-familière. L'effet produit est nul : toutes les lettres de Londres l'attestent, et, en Allemagne, chacun sait jusqu'à quel point l'irritation est portée contre les tendances ambitieuses qu'on suppose à notre gouvernement. »

Est-il possible de pousser plus loin l'esprit de dénigrement, et le parti pris d'insulter un gouvernement, de le traîner dans la boue, de le jeter en pâture à la déconsidération, à la haine et au mépris ? Voilà le langage, voilà l'esprit qui préside à la correspondance ! Voilà la volonté qui le dirigeait, le but qu'il cherchait à atteindre ! C'en est déjà trop, ce me semble, pour vous démontrer ce qui est plus clair que la lumière du jour.

Permettez-moi de vous rappeler ici un souvenir personnel.

Il y a trente ans, peut-être, un journal avait publié que M. le duc de Broglie, alors président du conseil des ministres, avait, dans la question espagnole, une double politique ; qu'il avait l'air d'appuyer le gouvernement de la reine Christine et qu'il s'entendait avec don Carlos ; qu'il avait même demandé à un général espagnol, qui s'appelait le général Latapie, si je ne me trompe, un mémoire en faveur de don Carlos. A cette assertion reproduite par quelques journaux, M. le duc de Broglie avait donné un démenti formel. On répondit à ce démenti en produisant une lettre du général Latapie, qui déclarait qu'il était bien malheureux d'être dans cette situation, mais enfin que son honneur l'obligeait, malgré lui, à porter ce témoignage qu'en effet le ministre lui avait demandé un mémoire.

M. le duc de Broglie, il faut lui rendre cette justice, n'hésita pas. Il n'écouta pas les conseils timides de ceux qui craignaient de le voir, lui président du conseil des ministres, descendre dans l'arène judiciaire et courir les chances d'un procès politique. Il pensait avec raison qu'il n'y a point d'injure plus intolérable pour un homme qui représente son pays, que d'être accusé de jouer un double rôle, d'avoir une double politique, l'une patente, l'autre occulte ; il pensait que c'était l'atteinte la plus grave à son honneur, à sa considération, et que satisfaction devait lui être donnée. Cette satisfaction, j'eus l'honneur de la demander pour lui, et ses adversaires furent condamnés.

Et l'Empereur... sera-t-il désarmé contre de telles attaques ? Est-ce qu'i sera possible de s'y livrer impunément contre lui soit en France, soit à l'étranger? Si une loi sévère les réprime à l'intérieur, est-ce que la loi de 1858 n'a pas voulu les atteindre à l'extérieur? Est-ce que dans le monde entier, devant l'Europe attentive et inquiète, il sera possible de représenter l'Empereur comme un ambitieux qui veut tout envahir, comme un fourbe qui manque à tous ses serments, comme un politique double qui essaye de tromper la bonne foi de toutes les cours, mais aussi comme un homme démasqué, qui n'inspire plus aucune confiance, qui ne peut plus faire de dupes, auquel on ne peut plus croire, même dans les circonstances les plus solennelles? Est-ce que la satisfaction qu'on a eu raison d'accorder à un ministre serait douteuse, lorsqu'il s'agit du chef de l'Etat? et, ce qu'on peut contre les outrages commis à l'intérieur, est-ce qu'on ne le pourra pas contre les outrages commis à l'étranger, lorsque ce n'est pas seulement aux yeux de la France, mais du monde entier, que le chef de l'Etat est systématiquement poursuivi avec une haine incessante, aveugle, sans nom comme sans mesure?

Non, ce n'est pas comme on le disait hier, d'une mesure disciplinaire qu'il s'agit ici. La discipline est faite seulement pour les cas que la loi n'a pu prévoir; elle exige du fonctionnaire, du magistrat, une probité plus grande, une conduite plus sévère, une observation plus rigoureuse de son devoir; mais ici, la discipline n'est pas en question, il s'agit de l'application de la loi. Le délit que nous poursuivons et que la situation du prévenu rend odieux, trouvera auprès de la justice souveraine qui nous écoute, une répression salutaire, et un exemple éclatant, nécessaire, sera fait contre ceux qui, au mépris de toutes les règles de leur profession, au mépris de toutes les obligations des fonctions qu'ils sont appelés à remplir, et après avoir prêté un serment solennel, ne craignent pas de le trahir et de fouler aux pieds tous les devoirs qu'il leur impose.

RÉPLIQUE DE Me DUFAURE.

Messieurs,

Nous sommes bien d'accord, M. le procureur général et moi : il ne s'agit pas d'une poursuite disciplinaire, et l'arrêt de la Cour ne se réduira jamais à un blâme. Ou il y a un délit et il doit y avoir une condamnation, ou M. de Flers doit être complétement renvoyé de la plainte dirigée contre lui. J'avais ainsi posé ma conclusion en terminant ma plaidoirie; M. le Procureur général a ainsi posé la sienne, si je ne me trompe, en terminant son réquisitoire.

M. de Flers a-t-il commis le délit pour lequel il est poursuivi? Sur la nature du délit, nous arriverons encore assez facilement à tomber d'accord, M. le procureur général et moi. J'avais dit, et je veux réparer cette erreur, que la Cour était saisie de la première poursuite judiciaire qui ait été intentée en vertu de la loi du 27 février 1858; déjà une poursuite semblable, intentée en vertu des articles 2, 4 et 5, les mêmes qu'on invoque contre nous, a été portée devant la Cour de Poitiers; elle est venue jusqu'à la Cour de cassation; et relativement au mot *intelligences* qui est un des caractères du délit puni par l'art. 2 de la loi du 27 février 1858, la Cour de cassation s'est exprimée ainsi dans son arrêt du 11 décembre 1858 :

« Attendu que l'art. 2 de la loi du 27 février 1858 punit d'un emprisonnement de un mois à deux ans et d'une amende de 100 à 2000 francs tout individu qui dans le but de troubler la paix publique ou d'exciter à la haine ou au mépris du gouvernement de l'Empereur, a pratiqué des manœuvres ou entretenu des intélligences soit à l'intérieur, soit à l'étranger : que le sens de cette disposition est clair ; que les mots dont se sert le législateur *pratiquer des manœuvres ou entretenir des intelligences* soit à l'intérieur soit à l'étranger, ont été employés avec la même signification dans d'autres parties de la loi pénale ; *qu'ils indiquent un ensemble de faits ou d'actes, un concours ou un accord de volontés et d'intentions* qui demeurent spécifiés par le but coupable auquel ils doivent tendre, soit de troubler la paix publique, soit d'exciter à la haine ou au mépris du gouvernement de l'Empereur..... »

Ainsi, la Cour se le rappellera, l'arrêt exige un ensemble de faits ou d'actes, un concours ou un accord de volontés ou d'intentions, dirigés vers un but coupable. J'avais dit à la Cour qu'on avait tort de se prévaloir de l'assimilation des articles du Code pénal dans lesquels les même mots de manœuvres et d'intelligences sont employés ; que le but y était tellement déterminé, qu'on ne pouvait pas se méprendre sur le caractère des moyens.

On me répond : le but dans les art. 76 et 77 du Code pénal est déterminé et a pu l'être parce qu'il est matériel : livrer une place forte, un port, engager l'ennemi à entrer sur le territoire, tout cela est clair, précis, et l'on comprend très bien que les moyens employés soient déterminés par le but lui-même. Lorsque le but est purement moral, il n'est pas susceptible de recevoir dans la loi une détermination aussi précise ; mais est-ce que pour cela il n'est pas aussi clair qu'un but matériel ? Voyez le délit de diffamation qui porte atteinte à l'honneur : ce n'est pas un fait matériel auquel on se livre, néanmoins il est défini et puni. Il en est de même du but déterminé qui doit être, aux termes de l'art. 2 de la loi de 1858, une condition essentielle du délit que cette loi punit.

Je demande à signaler une différence entre le délit de diffamation et le délit d'excitation à la haine et au mépris du gouvernement : dans ce dernier cas on rencontre la difficulté de déterminer la limite où finit le droit du citoyen, où commence l'abus ; tandis qu'au cas de diffamation, vous n'avez pas à chercher la ligne qui sépare le droit de l'abus, parce que le plaignant n'est pas, que je ne sache, soumis à la censure publique de celui qui l'attaque. Relativement au gouvernement les législateurs eux-mêmes ont pris soin de déclarer qu'il y avait à côté de l'abus possible un droit incontestable. N'est-ce pas ce que disaient les défenseurs de la loi, lorsqu'ils soutenaient que le projet n'était pas fait contre ceux qui émettent sur le gouvernement une opinion plus ou moins vive, plus ou moins hostile ? Il y a donc une limite que les tribunaux doivent déterminer avec soin, et qui rend difficile l'application de l'art. 2 de la loi de 1858. Voilà pourquoi il n'y a aucune assimilation possible de cet art. 2, ni avec les articles du Code pénal, qui ont employé les mêmes expressions appliquées à un but tout matériel, ni même avec la diffamation, délit purement moral, comme l'a dit M. le procureur général, mais très défini et qu'il assimile mal à propos à l'art. 2 de la loi de 1858.

Maintenant je me demande d'après quelles règles on recherchera le délit puni par l'article 2 de la loi de 1858, à quels signes on pourra le reconnaître? et plus le délit est vague, plus il me sera permis de demander que la prévention soit précise dans les preuves qu'elle rapporte. De même, plus on accorde de facilité à la prévention pour se procurer ses preuves, et plus elle sera tenue d'en rapporter de positives, d'incontestables. Tous les moyens, d'après M. le procureur général, lui sont permis. Elle peut aller à la poste et saisir toutes les lettres qu'elle veut; elle peut aller au domicile des citoyens, prendre tous les papiers qui s'y trouvent, et, à l'aide des lettres saisies à la poste et des papiers pris au domicile des citoyens, justifier l'accusation qu'elle porte.

Soit, pour un moment j'admets que vous ayez tous les moyens à votre disposition, vous devez alors rapporter des preuves qui ne puissent laisser aucun doute dans l'esprit des juges auxquels vous demandez la répression. Nous verrons tout à l'heure si ce sont des preuves de cette nature que vous rapportez; mais je ne puis pas accepter que la prévention ait le droit de se prévaloir des documents recueillis comme l'ont été ceux qu'on invoque. J'avais dit qu'une saisie à la poste peut avoir été précédée de plusieurs; comment le saurons-nous, si l'on permet au préfet de police et à ses agents, alors qu'aucun juge d'instruction n'est commis, alors que la justice ignore complétement ce qui se passe, si on lui permet d'aller à la poste et d'y saisir ce qu'il veut; si on ne l'oblige pas même à appeler l'auteur des lettres saisies pour les ouvrir, au moins faudrait-il, avais-je dit, que nous sachions quelles sont les lettres qui ont été saisies, à quelle époque elles l'ont été, pourquoi on en a choisi une, et si celles que l'on cache ne seraient pas de nature à justifier le prévenu. A cela on me répond, le préfet de police n'a fait qu'user de son droit. Ce droit, il m'est permis de le contester, il n'y a aucune loi qui me l'interdise. On a parlé de l'arrêt des chambres réunies, j'en avais parlé moi-même, il n'a aucune autorité souveraine; si j'avais trouvé qu'il y eût un intérêt décisif au procès, j'aurais reproduit la question et je me serais permis de demander à la Cour de la juger de nouveau. Mais il ne s'agit que de deux lettres et d'un reçu saisis à la poste; s'il y en a eu davantage je ne puis les produire. Eh bien! pour ces deux lettres et ce reçu, saisis à la poste le 22 juillet, je persiste à soutenir par des raisons qui n'ont pas été attaquées, je persiste à soutenir que ce droit de saisir ne peut être attribué au préfet et à ses agents, en dehors de toute instruction commencée, avec toute la latitude qu'on y met. J'ai montré qu'avec l'arrêt des chambres réunies, il n'y a aucune limite à ce droit; que toutes les lettres confiées à la poste sont à la disposition des préfets dans les départements et du préfet de police à Paris; que restreindre leur droit à toute lettre servant à constater un délit, c'est établir une limite illusoire; qu'on ne sait, avant l'ouverture d'une lettre, si elle est innocente ou si elle servirait à constater un délit; que même toute lettre est présumée innocente au moment où on la saisit; qu'en définitive, c'est accorder le droit de saisir toute lettre indistinctement et quand elle est innocente de la faire disparaître. Pouvoir exorbitant et d'autant plus dangereux qu'on n'oblige pas même l'officier de police à appeler l'auteur pour assister à l'ouverture de sa lettre. L'ouverture en est faite en son absence, et par conséquent on constitue l'officier de police maître absolu

de la lettre qu'il a saisie ; il la garde s'il veut, il est même obligé de la garder
pour ne pas faire connaître la saisie faite mal à propos, et il l'envoie à la justice s'il juge qu'elle puisse servir dans une instruction. Je proteste contre de
telles prétentions et je ne suis pas le seul. Dans tous les temps, le principe
que je soutiens, ébranlé, je le veux bien, par l'arrêt des chambres réunies, a
été proclamé par tous les gouvernements qui ont été soucieux de leur dignité.
Voici ce que disait Carnot le ministre de l'intérieur de Napoléon Iᵉʳ, dans une
circulaire du 8 juin 1815 :

« Je suis informé que dans plusieurs parties de l'empire, le secret des correspondances a été violé par des agents de l'administration. Qui peut avoir autorisé
de pareilles mesures ? Leurs auteurs diront-ils qu'ils ont voulu servir le gouvernement et chercher sa pensée ? Porter de pareils procédés dans l'administration, ce
n'est point servir l'Empereur, c'est calomnier Sa Majesté, elle ne demande point,
elle rejette les hommages d'un dévouement désavoué par les lois, or les lois ne se
sont-elles pas accordées, depuis 1789, à prononcer que le secret des lettres est
inviolable ? Tous nos malheurs aux diverses époques de la révolution sont venus de
la violation des principes, il est temps d'y rentrer. Vous voudrez bien faire poursuivre, d'après toute la rigueur des lois, cette infraction d'un des droits les plus
sacrés de l'homme en société ; la pensée d'un citoyen doit être libre comme sa
personne elle-même. »

Messieurs, je ne considère pas ces réflexions, quoique je n'en aie pas fait
l'objet de conclusions précises, comme étrangères à notre contestation. La
Cour voudra bien le remarquer, d'après la nature même du délit qui est im-
puté au marquis de Flers, le seul moyen régulier et légal serait de produire
tout ce qu'a écrit le marquis de Flers, de le comparer, d'en rechercher la
portée. C'est dans cette comparaison, dans cette confrontation de documents
émanés de lui, qu'on pourrait voir si, en effet, il a été poussé par l'esprit de
parti à provoquer partout des haines contre le gouvernement de l'Empereur.
Eh bien ! s'il y a une autorité en dehors de la justice qui ait le pouvoir d'arrêter des lettres, de les ouvrir, et quand elle les connaît, de les produire si
elle les juge coupables, et de ne pas les produire si elles sont innocentes ; je le
demande : la condition faite au prévenu par ces détestables pratiques est-elle
tolérable ?

Ce que je viens de dire de la saisie des lettres à la poste, je le dis encore
de la manière dont la saisie a été opérée chez M. de Flers. Le ministère public me disait tout à l'heure : Mais que demandez-vous de plus que ce qu'on
a fait ? Vous voulez un procès-verbal ? J'en présente un. Vous voulez que les
lettres et autres documents soient réunis en liasse et mis dans des sacs
particuliers sous cachet ? Ils ont été déposés au greffe, où vous avez pu
voir classés en liasses particulières et sous scellés, tous les papiers qui ont été
saisis chez M. de Flers ; toutes les formalités ont donc été remplies. Vous vous
plaignez seulement de ce que, conformément aux habitudes judiciaires con-
statées si énergiquement par nos anciens jurisconsultes et par M. Faustin-
Hélie, on n'ait, ni sur les lettres, ni sur les documents saisis, ni même sur le
procès-verbal qui a été rédigé, réclamé la signature de M. de Flers ! Qu'est-
ce que cela fait ? Avez-vous la prétention de dire qu'on devait vous la deman-

der sous peine de nullité, et que ne l'ayant pas fait, cette procédure a été irrégulière et illégale ?

Messieurs, elle l'est, d'autant plus qu'elle n'a pas eu lieu chez M. de Flers. J'avais l'honneur de le dire à la Cour hier, je le lui affirme encore aujourd'hui, il n'y a pas un procès-verbal qui dise le contraire, il n'y a pas une autorité qui puisse me démentir, pas même celle du commissaire de police ; la Cour peut l'entendre, l'interroger, la Cour saura par lui qu'on est descendu chez M. de Flers, QU'ON A SAISI TOUS SES PAPIERS, QU'ON LES A EMPORTÉS, QU'ON A RÉDIGÉ LE PROCÈS-VERBAL JE NE SAIS OU, et que c'est pour cela qu'on n'a pas demandé et qu'on ne pouvait pas demander sa signature, pas plus que son paraphe sur les lettres saisies, de manière qu'il y a eu une monstrueuse illégalité dans la façon dont on est descendu chez M. de Flers pour lui enlever ses papiers. On me dira : Quelle méfiance vous anime ? Pourquoi croyez-vous que le commissaire de police qui a saisi les papiers ne les a pas tous compris dans la liasse qu'il a envoyée au juge instructeur ? Est-ce que c'est moi qui invente cette méfiance ? Toutes les précautions prises par le Code d'instruction criminelle n'en sont-elles pas le produit ? Les formalités qu'il prescrit n'ont-elles pas pour but de mettre le magistrat instructeur à l'abri de tout soupçon ? Lisez Jousse, lisez M. Faustin-Hélie, il énumère toutes les conditions qui doivent être remplies dans des circonstances aussi graves que celles où on envahit le domicile du citoyen, où on enlève tous ses papiers. Lisez, et vous verrez que toute formalité prescrite est une garantie donnée au prévenu, une précaution prise contre le magistrat lui-même. Ce n'est pas moi qui le dis, ce sont les jurisconsultes de tous les temps, c'est la loi ; ce sont les jurisconsultes de tous les temps même d'une époque où la législation criminelle était bien loin d'avoir fait dans le sens de l'humanité les progrès qu'elle a faits de nos jours. Eh bien ! je le répète, pour M. le marquis de Flers, aucune de ces formalités protectrices n'a été observée. ON A FAIT LOIN DE LUI UN TRIAGE DES PAPIERS TROUVÉS CHEZ LUI, ET ON A ENVOYÉ AU JUGE INSTRUCTEUR CEUX QU'ON A JUGÉ A PROPOS D'ENVOYER.

Mais on a dit avec raison que M. de Flers, interrogé par le conseiller instructeur sur la question de savoir s'il lui manquait quelques lettres, a répondu qu'il croyait qu'il lui en manquait quelques-unes de M. de Montalivet et de M. le comte de Cavour ; puis qu'après une lettre de protestation, interpellé de nouveau, il a répondu qu'il n'avait rien à ajouter. Mais il ne pouvait pas répondre autrement. Qui peut se souvenir de tous les documents qu'il a entassés chez lui depuis dix années ? On invoque contre M. de Flers principalement des lettres qui lui auraient été écrites en 1854 et 1855 par le propriétaire de la *Gazette d'Augsbourg*. Quelle est sa situation ? Il faut se défendre contre les inductions que l'on en tire ; mais pour se défendre, a-t-il chez lui toutes les lettres par lesquelles il pourrait expliquer celles qu'on invoque ? S'il les avait, ne trouverait-il pas la clef de toutes les difficultés qu'on soulève, qu'on a réunies à plaisir ? Comment pourrait-il avoir gardé le souvenir de toutes les lettres et documents qu'il a reçus ? Depuis 1856, c'est-à-dire depuis cinq ans, il n'a plus eu aucun rapport, aucune relation avec le rédacteur de la *Gazette d'Augsbourg*. Ce fait, on ne peut pas le contester, il est établi par l'instruction ; et voilà pourquoi ce que M. de Flers a répondu, il le devait répondre, à moins qu'on nous demande à tous d'avoir un inventaire permanent de toutes les lettres que nous recevons dans notre carrière politique ou judiciaire, de tenir cet inventaire à jour, de faire chez nous ces liasses que l'officier de police judiciaire a faites je ne sais où pour les papiers de M. de Flers; de les tenir en état, de manière que si l'on vient nous demander ce que nous avons chez nous, nous puissions le dire; à moins de cela, la Cour comprendra qu'il est impossible que M. de Flers puisse dire quels étaient les documents qui se trouvaient dans ses cartons, confusément emportés par le commissaire de police qui a fait l'invasion du 24 juillet 1861.

J'en ai assez dit sur ce point, la Cour appréciera. Je persiste à soutenir qu'il y a eu une illégalité, et je la signale principalement parce qu'elle a dépouillé M. de Flers d'une partie de la défense qu'il aurait pu présenter pour un délit de cette nature. Et maintenant, j'aborde la preuve qu'on a essayé de faire pour établir que M. de Flers est coupable du délit prévu par la loi du 27 février 1858.

On a parlé de ses antécédents. M. de Flers ne redoute en aucune manière toutes les recherches qu'on pourrait faire sur sa vie privée. Vous en connaissez tous les traits. Il y en a dont on ne vous parle plus; on reconnaît que ce n'est plus à vous qu'on doit en parler. Il y a ces demandes de concessions de chemin de fer; il y a ces relations pécuniaires qu'il avait avec les rédacteurs des journaux étrangers. Il y a ces deux choses, mais rien au delà. Et je laisse cela de côté, parce qu'on a reconnu que ce n'était pas à la Cour à en connaître. Hors de là, qu'avez-vous à dire de ses antécédents? quels reproches avez-vous à lui faire ? A quelle époque sa carrière n'a-t-elle pas été parfaitement honorable ? Quelle tache a marqué sa vie?

Vous parlez de lettres saisies chez lui; vous pouvez les produire. Vous parlez d'*ordures* saisies chez lui ; je voudrais bien qu'on expliquât une pareille expression. Vous faites une confusion. Dans les différentes saisies qui ont été faites, il y a quelques malheureux vers qu'on a trouvés; mais ils n'ont pas été saisis chez M. de Flers; et je prie que, dans une accusation de cette nature on soit précis, afin que la Cour ne puisse se laisser impressionner que par des faits qui soient personnels à celui sur le sort duquel elle est appelée à prononcer, et non pas par des faits qui lui sont complétement étrangers.

Mais, dit-on, nous connaissons maintenant les mobiles de toutes les correspondances de M. de Flers. Hier nous nous sommes trompés; nous avons cru qu'il n'avait qu'un mobile, celui de gagner les quelques sommes qui lui étaient envoyées par les rédacteurs des journaux étrangers. Nous n'avions pas voulu lui faire l'honneur de croire qu'il était un homme de parti, et que c'était sous les impulsions et les ardeurs d'une cause politique qu'il avait écrit les correspondances incriminées. Mais la nuit porte conseil ! cette nuit nous nous sommes éclairés. M. de Flers est un homme de parti, pas autre chose, et c'est là ce qui l'a poussé à cette haine vigoureuse contre l'Empereur, qui s'exhale dans toutes les correspondances qu'il a écrites.

Je ne crois pas que la découverte faite cette nuit par M. le procureur générale soit heureuse; l'explication d'aujourd'hui remplace celle d'hier et ne vaut pas mieux. C'était, disait-on, pour recevoir les honoraires qu'on lui envoyait qu'il était si agressif, et voyez la contradiction; on prétendait trouver des

lettres, soit du rédacteur de la *Gazette d'Augsbourg*, soit du rédacteur du
Journal de Dresde, dans lesquelles on aurait recommandé à M. de Flers
d'être plus modéré, et en même temps la prévention soutenait que c'était
pour gagner son traitement que M. de Flers avait été si animé. M. le procureur général a reconnu qu'en mettant la cause sur le terrain où il l'avait
placée hier, il n'y avait aucun compte à se rendre, aucune raison à se donner
pour que M. de Flers eût été aussi vif qu'on le suppose dans les correspondances qu'il aurait envoyées; c'était un délit sans motif qu'on poursuivait
dans l'audience d'hier; dans l'audience d'aujourd'hui c'est un délit motivé
qu'on veut poursuivre, motivé par les emportements de l'esprit de parti.

J'avais dit hier, qu'en effet, dans les notes que le commissaire de police a
écrites sur plusieurs des liasses qu'il envoyait à l'instruction, apparaissait l'idée
de rattacher l'affaire du marquis de Flers à une cause politique; particulièrement sur la liasse, incomplétement produite, des lettres de M. de Montalivet, on avait écrit que de la lecture de ces lettres il semble résulter une
conformité d'opinion et de sentiments politiques entre M. de Flers et M. de
Montalivet et son parti.

Toute la vérité est à dire sur ce point. M. de Flers n'a aucun désir de re-
nier ses affections ni ses opinions; il a été profondément attaché à la famille
royale d'Orléans. Cela est vrai, il est resté fidèle à cette famille même malheu-
reuse et exilée, il ne le conteste pas. Mais qu'il ait été poussé par ses sentiments d'affection et de sympathie pour la famille d'Orléans, jusqu'à commettre le délit qu'on lui reproche, non; voilà contre quoi il proteste. Il a la
prétention d'être animé des mêmes sentiments que ceux à qui il a gardé toutes
ses sympathies; d'aimer son pays comme eux et de mettre la même mesure
dans l'expression de ses opinions. Mais que cela l'ait conduit à sortir de son
caractère, à devenir violent de modéré qu'il est, infidèle au serment qu'il a
prêté, lui qui se prosterne devant le respect et la religion du serment!

Ainsi ne parlons pas d'antécédents, il n'y a dans la vie de M. de Flers rien
qui vous conduise à croire qu'il ait été coupable du délit qui lui est reproché
par la prévention. Il faut qu'on vous rapporte d'autres preuves; nous les avons
demandées hier, nous les demandons encore aujourd'hui au ministère public,
et nous sommes obligés, avant d'examiner les détails du procès, de revenir
sur une observation que nous avions présentée.

J'avais établi une distinction entre les documents qui étaient antérieurs,
soit à la loi dont on demande l'application, et qui seule a créé le délit qu'on
poursuit, soit au 24 juillet 1858, époque à laquelle remonte le délai de la prescription. M. le procureur général m'accorde qu'on ne peut pas poursuivre
M. de Flers, à raison des faits qu'il a commis, des lettres qu'il a écrites avant,
soit le 27 février 1858, soit le 24 juillet de la même année; il ne conteste
pas qu'ils ne peuvent pas être des éléments de la poursuite, de la condamnation,
ce qui revient simplement à dire que vous ne pouvez le condamner pour ce
qu'il a fait avant que les actes qu'on lui reproche fussent des délits, ou pour
les actes que la prescription est venue couvrir. Mais on dit : si nous ne pouvons
les considérer comme des actes coupables, nous pouvons les considérer du
moins comme des éléments du débat! Des éléments du débat... Comment!
La loi n'a pas d'effet rétroactif; et tous les faits antérieurs au 27 février 1858,

quelle que soit leur nature, ne peuvent pas servir à motiver une condamnation ; tout ce qu'on reproche à M. de Flers, en supposant vraie toute la cor-
respondance qu'on invoque contre lui, ce que je conteste, tout cela ne constitue pas un délit, tout cela pourrait être l'objet d'une poursuite disciplinaire, mais non d'une poursuite criminelle ; et vous prétendez invo-
quer contre lui, comme éléments du débat, comme moyen direct ou
indirect d'apprécier sa culpabilité, des actes qui n'étaient pas coupables, des
actes qui étaient parfaitement légitimes lorsqu'ils ont été accomplis ! Comment
pouvez-vous donc arriver à ce résultat ? Comment ne sentez-vous pas une
contradiction flagrante dans cette prétention qui, ne pouvant aller jusqu'à
demander une condamnation pour des actes innocents, veut en faire un élément de débat ? Je dis, au point de vue de la prescription : pourquoi, au bout
de trois ans, toute action contre un prévenu est-elle prescrite ? parce que le
législateur a parfaitement compris qu'après trois ans écoulés, la défense n'était
plus libre et entière, que les moyens de défense pouvaient être perdus, que,
par conséquent, il fallait mettre un terme à la faculté de poursuivre. Donc,
lorsque la loi a fixé arbitrairement, je le veux, à dix ans, la prescription des
crimes, et à trois ans celle des délits, c'est pour le prévenu, c'est pour
l'honneur du grand principe de la liberté de la défense qu'elle l'a fait. Que
deviennent alors ces éléments du débat dont vous entendez vous prévaloir, ils
sont incomplets, la défense n'est plus entière. Je me défendrais autrement si
ces documents n'étaient pas si anciens ; à côté d'une lettre que vous invoquez,
j'en aurais quelque autre qui l'expliquerait. Permettez-moi, messieurs, d'en
prendre un exemple dans les faits mêmes qui viennent d'être rappelés par
M. le procureur général.

En 1855, à la date d'octobre, je crois, le rédacteur de la *Gazette d'Augsbourg* écrit à M. de Flers, et lui demande des renseignements sur la situation
de notre armée en Crimée. Quant à moi, je suis convaincu que M. le procureur général a grossi, outre mesure, l'importance de cette demande ; je suis
convaincu qu'elle n'avait pas pour but, comme il le dit, de ruiner l'armée
française et d'assurer le triomphe de nos ennemis. Je suis profondément convaincu de cela, mais enfin j'admets le doute.

Cette lettre a été écrite en 1855. Eh bien ! M. de Flers affirme qu'il n'y a
pas répondu, et qu'à cette époque il a rompu ses relations avec la *Gazette
d'Augsbourg*, non pas pour cette phrase que j'ai citée, mais parce que ces
relations ne lui convenaient plus.

Comment voulez-vous que je prouve cela ? Si nous étions à l'époque,
je trouverais les moyens de preuve ; mais où les prendre après six ans ? Je
montrerais que, dans la lettre qui m'a été écrite, la phrase incriminée n'a
rien de coupable, ou bien que je n'ai jamais donné les renseignements qu'on
me demandait. Comment pourrais-je le faire aujourd'hui. Et ne voyez-vous
pas, par ce seul exemple, que là s'applique précisément le motif sacré pour
lequel le législateur n'a pas voulu qu'après trois ans on pût être poursuivi. Je
n'accepte donc à aucun degré la distinction faite par M. le procureur général ;
je n'admets pas que des lettres qui ne peuvent pas être un des éléments de
la condamnation, puissent être un des éléments du débat. Je demande à la
Cour de rejeter tout ce qui est étranger aux faits sur lesquels elle aura à sta-

tuer. Je maintiens ma proposition, je la tiens dès ce moment pour vraie, et je mets de côté les documents invoqués qui remontent à une époque antérieure au 27 février 1858 et même au 24 juillet.

Quels sont les documents qui restent sous vos yeux, et à l'aide desquels vous pouvez prononcer la très grave condamnation, grave par le caractère de celui que vous devriez frapper, grave par les conséquences qu'elle aurait, la très grave condamnation qu'on vous demande?

On a saisi à la date du 24 juillet, et cette fois je ne parle que des documents qu'on a mis au procès, on a saisi chez le secrétaire de M. de Flers des notes écrites de la main de M. de Flers, et envoyées à son secrétaire à l'époque où il pouvait avoir des correspondances avec les journaux étrangers. Vous avez une collection de ces notes; celles-là nous ne pouvons pas les contester, tandis que les correspondances avec les journaux étrangers, qui nous sont attribuées, nous pouvons dire : elles n'émanent pas de nous. J'avais dit : Consultez-les, au nom du ciel! M. DE FLERS DEMANDE A ÊTRE JUGÉ SUR SES PROPRES ÉCRITS, NON SUR LES ÉCRITS D'AUTRUI, et je crois que c'est son droit, un droit incontestable, un droit de tous les temps!

Que m'a-t-on dit de tous ces documents que M. le procureur général a dans les mains? Je suis fâché de le dire, mais il n'en a pas même été parlé, ni dans le réquisitoire, ni dans la réplique que vous venez d'entendre; le ministère public a omis de le faire. Vous lirez ces notes, messieurs; vous y trouverez quelquefois des critiques sur la conduite du gouvernement, ou des bruits recueillis dans les salons de Paris, mais vous n'y trouverez jamais rien qui ait le caractère des publications punies par l'article 2 de la loi du 27 février 1858, rien qui indique que M. de Flers eût pour but de troubler la paix publique, et d'exciter à la haine et au mépris du gouvernement de l'Empereur. Je vous prie, messieurs, de lire ces notes, et vous verrez le caractère des correspondances que M. de Flers inspirait à son secrétaire. Elles n'ont pas été faites à une époque suspecte; elles ont été saisies le 24 juillet, dans le domicile de M. Landwehr; elles n'ont donc pas été imaginées postérieurement pour servir de moyens de défense. Si, comme on vous le demande et comme cela est vrai, votre mission est de rechercher quelle a été dans ses écrits la pensée, l'intention intime et profonde de M. de Flers, c'est là que vous devez la saisir. Vous y trouverez, je le répète, quelques critiques inoffensives et encore un esprit d'impartialité évident, dans certaines circonstances et dans des passages que j'ai mis hier sous les yeux de la Cour. Il me semble que c'est là la première de toutes vos preuves, le premier des éléments du débat, puisque c'est ce qui est sorti de la main de M. de Flers. Comment se ferait-il que, dans aucune de ces notes, et elles sont nombreuses, par lesquelles il inspirait la correspondance de M. Landwehr, on ne trouve la moindre trace de cette haine aveugle et furieuse qui, dit-on, l'animait contre le gouvernement français? N'est-il pas évident que nous avons là un type de la correspondance de M. de Flers avec les journaux étrangers, avec les journaux de Bruxelles, avec le *Journal de Dresde*, avec le *Journal de Genève?*

En outre, on a saisi à la poste une lettre de M. de Flers qui porte la date du 22 juillet, et une autre de son secrétaire sur laquelle il y a trois ou quatre mots de la main de M. de Flers; enfin, lors de l'invasion qu'on a faite de son domicile on l'a trouvé, déclare mal à propos le commissaire de police, dictant à M. Landwehr une lettre qui n'a pas été lue au débat et que je mettrai sous les yeux de la Cour. On a eu le droit d'invoquer ces documents, je le reconnais sans difficulté. Ils ont tous un caractère qui les rattache à M. de Flers, puisque l'un est entièrement de lui, que l'autre est revêtu de quelques caractères de sa main, et que le troisième était écrit par son secrétaire en sa présence. De ces trois écrits, le premier que je rappelle sommairement a été lu tout à l'heure; c'est une lettre qui n'était pas destinée aux journaux. M. de Flers commence par parler du rêve de l'Empereur de réconcilier le Pape avec Victor-Emmanuel; certes cela n'est pas coupable; puis il parle d'intrigues tramées pour annexer la Sardaigne, et enfin d'une espèce de transaction qui aurait été proposée à Marie-Christine pour la cession des îles Baléares à la France ; et le ministère public s'écrie : Voyez, la lettre n'a été écrite que pour mettre l'Europe en feu. Je ne peux pas reproduire toutes les paroles animées que M. le procureur général a prononcées à l'occasion de cette seule lettre du 22 juillet; on y parle, a-t-on dit, des îles Baléares; de la Sardaigne, de l'île d'Elbe, de la Ligurie ; et on a déclaré que c'était à l'occasion de cette lettre que des débats orageux avaient eu lieu au parlement d'Angleterre. Voyez, messieurs , jusqu'où l'accusation elle-même peut se laisser entraîner; la lettre parle précisément des débats qui ont eu lieu au parlement anglais, ces débats sont donc antérieurs à la lettre de M. de Flers, et à quelle occasion ont-ils eu lieu? à l'occasion des articles publiés dans les journaux français : M. Kinglake, l'auteur de la motion, rappelait que lorsque la France avait annexé la Savoie et Nice, c'était par des préludes semblables que l'Europe y avait été préparée, c'était à l'occasion d'articles de la *Patrie* et d'autres journaux même moins rapprochés du gouvernement que l'Europe avait été agitée, et que le parlement anglais s'était ému. M. de Flers n'y était pour rien, et quand il écrivait cela dans la lettre saisie le 22 juillet, on l'avait dit depuis bien longtemps; c'était un bruit qui avait couru en Europe je ne sais combien de fois. Cela est si vrai que je le trouve dans le *Journal de Genève*, à quelle époque? en novembre 1860, à une époque antérieure de dix mois. Donc en écrivant cela le 22 juillet, M. de Flers n'inventait rien, il rapportait un bruit qui circulait autour de lui, un bruit qui avait fait l'objet de beaucoup d'articles de journaux, un bruit déjà commenté dans une partie de la presse française, et particulièrement dans la presse officielle, et discuté au parlement anglais. Quant à la transaction proposée à la reine Marie-Christine, il disait : *je crois savoir* que le gouvernement français a proposé... Je crois savoir... Le fait est-il vrai, est-il exact? Je ne sais si dans cette audience il y aurait personne qui pourrait donner à la Cour une affirmation sur ce point. Ce que je sais, c'est que M. de Flers ne l'affirme même pas, il rapporte un bruit qui avait circulé, *je crois savoir...* Voilà tout ce que vous trouvez dans la lettre du 22 juillet 1861.

Je vous le demande, n'est-ce pas tout exagérer et dans des proportions incroyables, que de voir une intention déterminée chez M. de Flers, de soulever l'Europe entière, d'ébranler tous les rois sur leurs trônes et de mettre l'Empire français au ban du monde, lorsqu'il écrivait ces deux paragraphes en recommandant de ne pas les mettre dans les journaux ! On donne donc à cette lettre isolée une portée excessive. -

Mais il y avait une lettre de son secrétaire sur laquelle M. de Flers avait écrit quelques mots : j'ai dit hier à la Cour quels étaient ces mots ; et la Cour se rappelle qu'ils étaient parfaitement innocents ; M. de Flers avait écrit que M. le baron de Vidil et M. de Pontalba avaient été expulsés du Jockey-Club. Il n'y a certainement aucun crime à dire cela. Puis il avait écrit que l'Empereur avait donné l'ordre à M. de Grammont de retourner à Rome et que M. Farini devait être arrivé à Munich ; tout cela était parfaitement innocent ; tout à l'heure on disait : mais la lettre elle-même qu'avait écrite le secrétaire et qui évidemment avait été dictée par M. de Flers! Eh bien ! je vais vous faire connaître cette lettre et vous allez voir quelle est sa culpabilité. Songez bien qu'elle a été saisie à la poste, que c'était une lettre partant pour aller au correspondant de Dresde, et que cette lettre est encore de nature à montrer l'esprit dans lequel étaient faites les correspondances de M. de Flers. Cette lettre est longue, il y a des passages absolument étrangers à la France, dont la Cour et le ministère public me permettront de ne pas donner lecture. Il y a un passage relatif à la Russie et à l'Autriche, il y en a un autre relatif au départ de M. de Kisselef ; on parle du Monténégro, on parle des affaires d'Allemagne et dans tout cela il n'y a rien qui se rapporte à la France. Mais voici un passage qui la concerne :

« Nous quittons décidément la Chine et nous n'y laissons provisoirement qu'un corps de 2000 hommes, le reste reviendra en France, pas entièrement, une grande partie ira en Cochinchine ; l'amiral Charner vient de réorganiser le pays et se prépare à rentrer en France. On considère l'établissement des Français en Cochinchine comme tout à fait définitif, et quoique personne n'ait encore rien dit, je crois pouvoir vous assurer que la France a les plus vastes projets de ce côté. Comme elle est soutenue par les sympathies des habitants, je puis presque vous dire que la Cochinchine va devenir une province française. L'amiral Charner a fait tout un plan d'organisation, mais l'Empereur a ses idées tout à fait arrêtées et le travail qu'il fait est, dit-on, fort curieux. Je dois vous faire remarquer que la France n'a aucune espèce d'engagement avec l'Angleterre sur cette question, qu'elle a même toujours refusé de s'expliquer à cet égard lorsque le cabinet Palmerston a voulu l'interroger. D'après les plans que j'ai sous les yeux, on s'occuperait à se consolider dans la province nouvellement acquise. Mais peu à peu on gagnerait du terrain, et je crois pouvoir vous annoncer qu'on saisira la première occasion favorable, aussitôt que les chaleurs seront passées, pour s'emparer de Hué, la capitale de Cochinchine. »

Voilà ce qu'il y a dans cette lettre que M. de Flers n'a pas rédigée, mais dont il a accepté dans une certaine mesure la responsabilité en y écrivant quelques mots ; voilà ce qu'il y a dans cette lettre sur la politique française. Eh bien! quel caractère trouvez-vous à cette correspondance? Est-elle hostile au gouvernement impérial? Elle parle de notre entreprise, elle rend hommage au loyal et vaillant amiral qui l'a si bien conduite. Elle parle des sympathies des populations de la Cochinchine pour la France, des améliorations que nous devons introduire dans ce pays, de l'intérêt que l'Empereur porte lui-même à ces projets ; elle annonce les progrès que plus tard nous aurons à faire dans cette nouvelle province française. Je ne crains pas

de le dire, il n'y a rien là qui porte atteinte à la dignité de la France, rien
qui attaque son gouvernement, rien qui cherche à troubler la paix de
l'Europe. Tout au contraire, l'auteur de cette lettre prend la peine de faire
remarquer que le gouvernement français n'a aucun engagement avec l'Angleterre sur cette question, qu'il est libre; que l'Angleterre n'a rien à y voir. De
manière que dans ces expressions de la pensée, naïves, sincères, qui n'ont pas
été préparées pour la cause que vous avez à juger, vous voyez marqué le
caractère de toute la correspondance du marquis de Flers, caractère auquel
il n'a jamais manqué. Il y a encore un passage tout privé, relatif à M. le
chancelier Pasquier. Je le lis, afin qu'on ne m'accuse pas d'avoir omis un
seul mot.

« Le chancelier Pasquier va mieux, malgré ses quatre-vingt-quatorze ans il a
encore résisté à cette dernière crise. C'est son asthme qui l'étouffait, il s'est cru
perdu ; il avait même déjà fait remettre une liasse de papiers qui étaient dans son
secrétaire à un ami dans lequel il a la plus grande confiance. Mais cet homme de
fer a surmonté la crise et il est mieux..... »

Et puis on parle de la Pologne, il n'est plus question de la France.
Voilà donc cette lettre. Je demande à la Cour de ne pas l'écarter du débat,
comme l'a fait le ministère public, ma pensée n'admet pas que l'on refuse à
mon client de le juger sur ses propres écrits.
Il y en a encore une dernière que M. de Flers, d'après le commissaire de
police, aurait été en train de dicter à son secrétaire au moment où, le 24 juillet, la police a fait sa perquisition domiciliaire. Le fait n'est pas complétement
exact; voici comment il s'est passé. M. de Flers était chez lui, son secrétaire
était assis à sa table, et si je ne craignais de descendre à des détails trop vul-
gaires, je dirais que M. de Flers se faisait la barbe. Il venait de recevoir une
lettre dans laquelle on lui parlait de la Vénétie ; il l'avait lue à son secrétaire, et
celui-ci écrivait à côté de lui. Quoi qu'il en soit, ce commencement de lettre
saisi est encore un type qui vous permettra d'apprécier le caractère de la
correspondance envoyée à l'étranger :

« Monsieur, on me communique des détails assez curieux sur l'organisation
révolutionnaire qui existe dans toute l'Europe ; un comité insurrectionnel, on le sait,
existe à Londres, il s'appelle le comité insurrectionnel européen: il a des ramifi-
cations par toute l'Europe et vient d'adresser ces jours-ci de nouvelles instructions
aux sous-comités qui correspondent avec lui. Dans ce moment tous leurs efforts
se portent sur Rome et Venise : l'art. 1ᵉʳ de ces instructions dit au comité de
Venise : Vous ferez tous vos efforts pour désorganiser l'administration et inquiéter
l'armée autrichienne; vous empêcherez toute fête et toute démonstration.... »
(La lettre a été interrompue ici par l'arrivée du commissaire.)

Vous le voyez encore, dans cette correspondance qui a été saisie, il n'y a
pas un mot, pas un seul mot qui soit animé du double caractère qu'on voulait trouver dans la correspondance de M. de Flers. Ainsi, j'ai passé en revue
les lettres, les notes, les écrits de toute nature, qui sont de la main de M. de

Flers, je demande à la justice de la Cour de les prendre comme indice de ses sentiments. Je lui ai montré des correspondances très modérées dans leurs expressions et j'en ai montré dont l'impartialité va, et je ne l'en blâme pas, jusqu'à approuver des actes de l'Empereur, et ce ne sont pas des écrits préparés depuis que la poursuite est intentée, ce sont des notes antérieures à la poursuite et que la police a saisies. Jusqu'ici donc et ce sont là les véritables indices qu'on devrait consulter, nous ne trouvons rien, absolument rien qui justifie l'accusation ni les paroles si vives, si amères que prononçait tout à l'heure M. le procureur général. Où trouverons-nous donc la preuve des sentiments si animés qu'on reproche à M. de Flers? Dans les journaux et dans quelques lettres qui ont été saisies chez M. de Flers; les unes sont du directeur de la *Gazette d'Ausbourg*, les autres du directeur du *Journal de Dresde*. Ici se présente et je ne veux que vous le rappeler, l'observation que je faisais tout à l'heure; ces lettres sont antérieures aux faits incriminés, elles ne peuvent donc pas figurer aux débats et doivent être rendues à M. de Flers. Si d'ailleurs il n'en était pas ainsi, que trouveriez-vous dans ces lettres?

Quels sont les caractères de sa correspondance avec le directeur de la *Gazette d'Augsbourg?* On a parlé d'abord d'une lettre relative à Mgr Sibour. Que voulez-vous, messieurs, à la distance où nous sommes des faits, je ne puis que vous répéter ce que vous a affirmé M. de Flers et ce qu'il est prêt à vous affirmer encore. Il ne s'agit même plus là du vague et insaisissable délit de la loi de 1858, mais d'un acte qui répugne profondément aux convictions de toute sa vie. Il y a eu une confusion relativement à la lettre qu'on cite; elle n'est pas de lui. On a dû tromper la *Gazette d'Augsbourg*. Il est absolument impossible qu'une lettre émanée de lui ait contenu sur Mgr Sibour ce que la correspondance qu'on invoque attribue mal à propos à M. de Flers. Je le répète, cela est étranger au procès, mais serait de nature à jeter sur le caractère de M. de Flers une couleur odieuse qu'il n'a jamais méritée, car elle répugne à toutes ses idées, à tous ses sentiments de foi, de respect, de conviction religieuse ; les sentiments, les convictions religieuses, ne changent point en un jour, et l'on peut s'affirmer à soi-même ce qu'on croyait, ce qu'on pensait il y a six ans, dix ans, vingt ans passés.

On veut que cette *Gazette d'Augsbourg*, à laquelle il a en effet adressé quelques lettres, qu'on ne rapporte pas, lui ait demandé des renseignement sur la politique française et particulièrement sur la situation de notre armée en Crimée. Que veut-on dire par là ? Quels renseignements lui demandait-on? On savait bien qu'il ne pouvait dire que ce que la voix publique répétait en France sur le rôle glorieux de notre armée qui combattait en Crimée; il n'y avait pas deux manières de s'en exprimer. Qu'en Allemagne, on fût incertain à cet égard, que les correspondances qui venaient de Russie élevassent des doutes sur les succès que notre armée obtenait en Orient, cela est possible : je ne serais pas étonné qu'à Augsbourg on connût moins que nous ne les connaissions, tous les périls de notre armée, et en même temps la glorieuse énergie avec laquelle elle les surmontait; je ne serais pas étonné qu'à Augsbourg, sur la foi des correspondances russes, on eût des doutes sur le résultat de la campagne.

Eh bien ! on aurait écrit à M. de Flers : quelle est la situation de votre armée en Crimée ? Et de là on induit que M. de Flers s'en va dans les bureaux du ministère de la guerre, saisir les états de notre armée, compter nos morts, marquer ce qu'elle a perdu en matériel, en munitions, et puis l'écrire à la *Gazette d'Augsbourg*, pour entraîner la ruine de notre armée française et pour faciliter le triomphe de nos ennemis !

Vous avez lu, messieurs, vous pouvez apprécier ! pour moi, je comprends très bien qu'on se laisse emporter dans l'accusation comme dans la défense ; je puis moi-même dans mes appréciations aller trop loin ; M. le procureur général est homme, il le peut aussi ; à la Cour de nous juger. Que la Cour prenne cette lettre ; qu'elle l'interroge et qu'elle dise si c'était une proposition de trahison qu'on adressait à M. de Flers.

De même dans quelques autres lettres on indiquait que le principe du gouvernement français, le suffrage universel, était inquiétant pour la puissance autrichienne et bavaroise, et qu'il les troublait. Que voulez-vous ? C'est très certain, nous n'avons pas à nous le dissimuler, et qu'on l'ait dit, ce n'est pas une parole ennemie, mais la parole d'un homme politique. Qui s'étonnera que l'empereur d'Autriche, parlant du gouvernement français, dise : il y a là un principe qui est hostile au mien, qui m'inquiète, qui me tourmente, et qui un jour ou l'autre peut être pour moi une cause de trouble. Que M. de Flers, qui a été partisan d'un autre principe, n'ait pas une profonde sympathie pour le suffrage universel, je veux bien l'accorder, mais ce n'est pas un sujet de condamnation, ni la preuve que M. de Flers n'ait écrit que pour exciter à la haine et au mépris contre le gouvernement de l'Empereur.

Voilà tout ce que je veux dire de la *Gazette d'Augsbourg*. Et n'oubliez pas qu'à raison de la distance où nous sommes de cette correspondance, il nous est impossible de fournir tous les documents contemporains qui auraient pu la justifier, ainsi, par exemple, les notes saisies chez M. Landwehr ne remontent pas à six ans de date, et ne peuvent servir à expliquer la correspondance que l'on avait avec la *Gazette d'Augsbourg*.

J'en viens maintenant aux journaux d'une date plus récente, l'*Indépendance belge*, on n'en a plus parlé, on ne pouvait plus en parler. Hier on disait que M. de Flers n'avait des correspondances qu'avec les journaux ennemis du gouvernement impérial ; j'ai rappelé qu'il en avait eu avec l'*Indépendance belge* qui n'est point, que je sache, une feuille ennemie. On n'en parle plus, soit ! mais M. de Flers n'avait donc pas des correspondances exclusivement avec les journaux hostiles au gouvernement de l'Empereur.

Le *journal de Dresde....* M. de Flers a eu des correspondances avec ce journal, mais on n'en produit aucune en dehors de la lettre saisie à la poste, et des notes qui ont été saisies chez M. Landwher dont j'ai parlé, trouvées dans son domicile ; et la Cour ne peut pas omettre de remarquer qu'on ne produit rien du *Journal de Dresde*, qu'on n'en a pas fait traduire un seul passage, qu'enfin, on n'en a pas cité une ligne qu'on puisse imputer même par solidarité à M. de Flers. On invoque les lettres de M. Wiessner, et toutes les parties qu'on en invoque, sont d'une époque à laquelle on ne peut pas remonter, d'une époque antérieure même à la loi du 27 février 1858.

Que trouve-t-on dans cette correspondance ? C'est ici qu'on parle d'un double but dans lequel la correspondance de M. de Flers aurait été écrite, une partie étant destinée au journal officiel appelé le *Journal de Dresde*, et l'autre à une feuille non officielle appelée la *Gazette de Leipzig*. On soutient que cette division de la correspondance, entre journaux officiels et journaux non officiels, avait pour but de mettre les articles modérés, prudents, dans le *Journal de Dresde*, et les articles virulents dans la *Gazette de Leipzig*. Eh bien! messieurs, la correspondance elle-même, et en particulier la lettre du 14 novembre 1854, qu'on citait, va vous indiquer pourquoi il y avait une partie de la correspondance destinée à la *Gazette de Leipzig* et l'autre au *Journal de Dresde*. Écoutez cette lettre de M. Wiessner :

« 4 novembre 1854.

» Relativement à la substance de vos lettres, les anecdotes et les petits faits seront les bien-venus ; car bien graves que soient les circonstances politiques et menacent de l'être encore pendant bien longtemps, il se peut qu'il y aura mainte mi-semaine qui fournira bien peu de politique proprement dite. Du reste, le feuilleton tant du *Journal de Dresde* que de la *Gazette de Leipzig*, offrira toujours assez d'espace pour de pareilles communications. »

Que demandait-on et quelle était la destination de la *Gazette de Leipzig* « pour recevoir des anecdotes et de petits faits » ? J'admets que la lettre écrite par M. Wiessner prouve que plus tard M. de Flers a envoyé à son correspondant de Dresde des anecdotes et de petits faits. Nous en avons un exemple de la main de M. de Flers sur la lettre de M. Landwher saisie à la poste : mais est-ce que vous avez à prouver contre M. de Flers qu'il est coupable d'avoir envoyé des anecdotes et de petits faits? Non, ce n'est pas ce que nous recherchons. Ce que la Cour demande, c'est la preuve que, soit dans ces anecdotes, soit dans ces petits faits, il y avait des manœuvres employées pour provoquer à la haine et au mépris du gouvernement. Voilà ce que vous ne prouvez pas, ce que vous ne prouverez pas, et ce qu'il faudrait prouver cependant pour justifier votre accusation. Voilà quel était le double but, le partage de la correspondance, correspondance sérieuse pour le journal officiel, correspondance légère pour le journal non officiel, et non pas, comme vous l'avez dit, correspondance prudente pour l'un, correspondance violente pour l'autre. Ce n'est pas moi qui fais la distinction, ce sont les lettres que vous invoquez contre M. de Flers.

Dans ces lettres de Dresde que trouverez-vous encore? Vous trouverez que M. de Flers employait parfois un chiffre, et j'ai dit en quoi il consistait. Il n'était relatif qu'à des noms propres qu'on aimait mieux indiquer par 1, 2, 3, 4 que de les écrire en toutes lettres, parce qu'on ne savait pas en quelles mains la correspondance pourrait tomber. Mais, du reste, dans toute cette correspondance de Dresde pouvez-vous citer un mot de M. de Flers qui constitue un délit pour lequel vous puissiez le faire condamner ?

Je m'explique ici sur la question de savoir si M. de Flers a continué d'écrire en 1861 dans le *Journal de Dresde* et le *Journal de Genève*. M. de Flers écrivait encore de temps en temps à la fin de 1860 : il a été averti de ne le pas faire par

M. le premier président de la Cour des comptes. Il l'a promis, et à partir de ce moment, il n'a plus écrit, ou s'il a écrit quelques mots, c'est en l'absence de son fils, ou plutôt il n'a pas écrit, il s'est borné à donner quelques notes à celui qui écrivait pour son fils, à M. Landwehr, qui était devenu le secrétaire de l'un après avoir été le secrétaire de l'autre. D'ailleurs, nous rentrons ici dans la question disciplinaire que nous avons écartée. M. de Flers eût-il continué d'écrire, cela ne constituerait pas un délit, mais un manquement grave à la promesse faite à M. le premier président de la Cour des comptes, cela n'appellerait pas une condamnation , mais une réprimande disciplinaire. De façon que cette question de savoir si M. de Flers a écrit ou non en 1861, n'intéresse pas le débat actuel. Elle peut être grave dans un autre débat ; devant vous et quant à la nature de la poursuite, elle est absolument indifférente. Je rappelle seulement à la Cour que j'ai montré par les pièces annexées à l'interrogatoire de M. de Flers, par les lettres qui ont été écrites, et par les reçus qui ont été donnés, que jamais depuis 1860, M. de Flers n'avait rien touché, que ce n'était pas pour son compte qu'il avait donné le reçu saisi à la poste, mais pour le compte de son fils.

J'arrive au *Journal de Genève*. Je n'ai guère, relativement au *Journal de Genève*, qu'à répéter ce que j'ai eu l'honneur de dire hier à la Cour et à l'affirmer de nouveau. J'avais dit à la Cour que le *Journal de Genève* avait plusieurs correspondants à Paris et que M. de Flers n'acceptait à aucun degré d'être considéré comme l'auteur de toutes les correspondances que le *Journal de Genève* publie. M. le procureur général a répondu : cela n'est pas possible. Le *Journal de Genève* est absolument incapable de payer plusieurs correspondants. Il avait assez à faire de donner la somme de 2000 fr. par an que M. de Flers d'abord, qu'ensuite le comte de Flers, son fils, recevaient de lui ; par conséquent nous repoussons complétement toute idée de correspondance multiple pour le *Journal de Genève*. Et alors prenant toutes les lettres indiquées comme correspondances de Paris, M. le procureur général y a trouvé des passages beaucoup plus nombreux qu'il n'en avait trouvé hier, contre lesquels il a porté les accusations les plus sévères, les plus graves, et, je le dis sans peine pour quelques-uns, les plus méritées. Est-il vrai que le *Journal de Genève* n'ait qu'un correspondant? Si on ne le prouve pas, toute la dernière partie du réquisitoire de M. le procureur général peut être parfaitement vraie, mais elle ne s'applique nullement au prévenu. Il est certain que si l'on ne commence pas par prouver que M. de Flers est l'auteur des lettres que le *Journal de Genève* a publiées, une partie du réquisitoire doit être supprimée, et que M. de Flers a le droit de l'écarter du débat. Eh bien ! il était facile à la prévention de justifier que le *Journal de Genève* n'avait qu'un seul correspondant à Paris, et que ce correspondant était M. de Flers. Vraiment quand on se donne toutes les facilités que la police s'est données pour préparer le débat, on ne peut pas dire qu'il y ait aucune preuve impossible. Comme la poste est complétement à votre disposition, comme vous connaissiez l'écriture de M. de Flers, comme vous saviez quand il avait mis une lettre à la poste, comme enfin vous vous attribuez une sorte de droit de propriété sur ses papiers comme sur tous les nôtres et la faculté de prendre chez lui tout ce qui peut vous convenir ! vous aviez certes

tous les moyens de constater quelle était la correspondance que M. de Flers
envoyait à Genève. Avec tous ces moyens on aurait dû, et cela seul aurait pu
justifier les paroles de M. le procureur général contre le prévenu, on aurait
dû se procurer la preuve que le *Journal de Genève* n'avait qu'un correspondant et que le prévenu était ce correspondant. On aurait été légitimement
autorisé alors à lui attribuer les lettres de Paris publiées dans le *Journal de
Genève*. On ne l'a pas fait, vous le savez ; seulement on a dit : le *Journal de
Genève* est aux abois, comment aurait-il pu payer deux ou trois correspondants? Je voudrais bien qu'on me prouvât cela. Le *Journal de Genève* est
peut-être de tous les journaux de l'Europe celui qui peut compter sur le plus
de ressources. Il est le représentant de toute la haute banque de Genève , et
certes il y a peu de journaux appuyés sur des capitaux aussi considérables
que celui que soutiennent les banquiers de Genève. Qui ne sait que le *Journal de Genève* représente le parti opposé au parti radical qui a pour organe
la *Revue de Genève* ; et lorsque cela est de notoriété publique, vous me dites
que cette feuille n'avait pas de quoi payer ses correspondants à Paris? M. Barmann, l'ancien représentant de la Suisse à Paris, a assuré que le *Journal
de Genève* avait deux correspondants à Paris ; je suis convaincu, quant à moi,
qu'il en avait plus de deux. Seulement je répète à la Cour une observation :
on n'avait produit dans l'instruction que des numéros du *Journal de Genève*
de 1861, c'est-à-dire d'une époque où M. de Flers ne correspondait plus
avec lui, où c'était son fils M. le comte Camille de Flers. Comptant les écarter
du débat par cette seule observation, nous ne nous étions pas occupés
de nous procurer la preuve que le *Journal de Genève* avait plusieurs correspondants. Ce n'est qu'à la veille de l'audience que M. le procureur général,
qui lui-même venait de les recevoir du ministre de l'intérieur, nous a
envoyé des journaux se rapportant à 1860, et nous n'avions plus le temps de
faire venir de Genève la preuve que le journal dont il s'agit avait plusieurs
correspondants. Mais la Cour me permettra de lui donner lecture d'une lettre
fort inattendue que l'un de mes jeunes confrères, secrétaire de la conférence
des avocats, m'a fait l'honneur de m'écrire hier, après avoir entendu le débat
dont la Cour est le juge.

« Monsieur, m'écrit-il, parmi les charges qui pèsent sur M. le marquis de Flers
se trouve en première ligne ce fait : qu'il a écrit pendant un temps plus ou moins
long la correspondance de Paris du *Journal de Genève*. Pour que cette correspondance pût être un délit personnel il faudrait avant tout qu'elle ne fût pas une œuvre collective. Or, il est à ma connaissance (et j'ai acquis cette connaissance durant le séjour
que j'ai fait cette année même à Genève) que le *Journal de Genève*, feuille essentiellement dévouée aux intérêts du parti conservateur dans cette ville, procède à l'égard de
ses correspondances, comme est amené à le faire tout journal qui veut conserver
une unité de direction et de politique. Il reçoit des renseignements de *sources
différentes*, les repousse ou les accepte suivant qu'ils lui paraissent devoir servir
ou ne pas servir la ligne politique qui est la sienne, et le plus souvent il confond
dans un même article intitulé: *Correspondance de Paris*, ce qui en d'autres occasions
fournit deux articles sous ce même intitulé. Il arrive même quelquefois que les
renseignements reçus de la France ne convenant pas à la direction, on annonce
simplement que la correspondance de Paris n'est pas arrivée au jour où elle n'agrée

pas à la rédaction en chef. Ces divers faits sont notoires à Genève : ils m'ont été affirmés par des hommes bien connus dans le parti conservateur, mêlés même à la rédaction du journal, comme est M. le pasteur Borel, qui, interrogé par moi sur les conditions de l'existence de la presse de Genève, me donna en passant ces différentes indications que je regrette de ne m'être pas fait préciser davantage, ignorant comme je l'étais alors qu'elles pussent jamais servir d'indications dans un procès pareil à celui qu'on intente à M. de Flers.

» Si ce témoignage pouvait, monsieur, avoir pour vous la moindre utilité, j'en serais fort heureux, car je vous avoue que, présent à l'audience d'aujourd'hui, j'ai éprouvé un sentiment singulier d'étonnement en entendant M. le procureur général supposer que M. de Flers pouvait être fait responsable d'une correspondance que je savais et que je puis affirmer être réputée à Genève : *collective et multiple.*

» Agréez, monsieur, l'hommage de mon sincère respect,

» *Signé* LÉON RENAULT,

» avocat à la Cour impériale. »

Messieurs, y a-t-il rien de plus précis que cette lettre, dont je remercie mon jeune et honorable confrère, ne montre-t-elle pas à la Cour le véritable caractère des correspondances de Paris, imprimées dans le *Journal de Genève*, caractère collectif et non pas individuel, correspondances qui sont faites par le directeur du journal, pour maintenir l'unité de sa feuille, correspondances qui ne sont pas insérées pures et intactes, telles qu'elles émanent de celui qui les a envoyées. Il y avait une raison pour que les correspondances de M. de Flers ne fussent pas insérées intactes dans le *Journal de Genève ;* et la raison, je vous l'ai indiquée déjà, c'est que la plus grande partie des correspondances de M. de Flers étaient relatives aux affaires d'Italie, à la question de la souveraineté du Pape, à la question de la lutte du Piémont avec le saint siége, et que le *Journal de Genève*, qui est le représentant du protestantisme le plus puritain, ne pouvait pas admettre, telles quelles, toutes les correspondances que M. de Flers lui envoyait.

Je dis à la Cour, et c'est un point important, qu'il n'y a qu'une seule personne responsable de la correspondance du *Journal de Genève*, c'est le rédacteur en chef de cette feuille. Il reçoit de sources nombreuses de France les renseignements qui lui sont donnés ; il les prend, il les réunit, il les combine, il en cite une opinion, il en cite une autre, et il fait avec tout cela une correspondance de Paris où se trouvent des choses de toute nature. Mais M. de Flers ne peut pas être évidemment responsable de tout ce qu'on pourra y trouver, à moins, je m'étais empressé de le reconnaître, que dans les faits que signale la correspondance de Genève, on n'en trouve quelqu'un qui, rapproché des documents de la cause, puisse montrer qu'il émane, celui-là, de M. de Flers. C'était un travail que j'avais demandé qu'on fît. On a trouvé chez M. Landwehr des notes dont quelques-unes se rapportent à la correspondance de Genève, par exemple pour des obligations que la ville de Paris voulait émettre. M. de Flers doit être responsable de ce passage de la correspondance, soit. Mais quand vous ne trouvez rien de pareil dans tous les autres passages, et que vous voulez l'en rendre responsable, cela me paraît impossible ; c'est vouloir attribuer à chacun individuellement une œuvre de compilation qui n'appar-

tient qu'à son auteur ; c'est établir une solidarité que jamais aucune loi n'a
établie et que la Cour ne voudra pas établir par son arrêt.

On a cherché un rapprochement entre la correspondance du *Journal de
Genève* et une des lettres de M. de Flers. Le 4 septembre 1860, le *Journal de Genève* parlait de la Sardaigne, et le 22 juillet suivant, le marquis de
Flers écrivait une lettre où il parlait aussi de la Sardaigne. Vous avez fait le
rapprochement des mots, et vous avez dit : M. le marquis de Flers est l'auteur de la correspondance du *Journal de Genève* du 4 septembre 1860. Oh !
permettez, si la lettre était contemporaine de la correspondance du *Journal
de Genève*, vous seriez autorisé à conclure, de l'insertion au journal, que
M. de Flers a fourni les matériaux, mais la lettre est postérieure de dix mois
à la correspondance du *Journal de Genève*, et depuis cette époque, et même
auparavant, le bruit courait en Europe, et ce bruit avait été répété par la
Patrie et par le *Siècle*, que le gouvernement de l'Empereur avait des vues
sur la Sardaigne.

On a cité différents articles, on a montré que, dans ces articles, il y avait
des intentions coupables. Je le répète à la Cour, je ne cherche pas à les
justifier ; mais je dois dire que dans ceux qui ont été rappelés par M. le procureur général, il y en a qui vraiment ne m'ont pas paru coupables, qui
m'ont paru se renfermer dans les limites d'une légitime critique ou d'un récit
parfaitement impartial. D'autres, au contraire, pourraient montrer une ardeur
passionnée, exprimer des intentions hostiles au gouvernement français, mais
je répète à la Cour que M. de Flers n'en accepte, en aucune manière, la responsabilité, et je demande que l'on consulte les écrits de M. de Flers, pour
voir s'il est capable d'écrire les articles qu'on a cherchés avec tant de soin
dans la correspondance du *Journal de Genève*. On a parlé d'un extrait de
lettre de Milan, on a dit : M. de Flers avait un correspondant à Milan, donc
c'est lui qui a envoyé cet extrait.

Messieurs, je suis obligé de me répéter, je le regrette, mais je ne puis pas
ne pas le faire. Nous avions des correspondants à Turin, à Naples, à Rome,
mais non pas à Milan : vous avez saisi toutes nos lettres ; prenez-les, trouvez-y
quelque chose qui se rapporte à une correspondance du *Journal de Genève*,
et s'il s'agit d'un bruit qui ne soit pas trop communément répandu en Europe
pour qu'il soit vraisemblable qu'il ait eu son origine dans les lettres écrites à
M. de Flers et saisies chez lui, attribuez-lui-en la responsabilité. Or, ce fait
de Milan que vous imputez à M. de Flers, est-il dans une seule des lettres qui
lui ont été écrites d'Italie, soit de Turin, soit de Naples ? Il n'est dans aucune,
par conséquent il n'en a pas eu la confidence, le fait n'a jamais été en ses
mains, si je puis m'exprimer ainsi, et il n'y a aucune raison de croire que ne
l'ayant jamais eu en ses mains, il l'ait transmis au *Journal de Genève*.

Vous le voyez, je dois me dispenser d'examiner, article par article, toutes
les correspondances qui ont été lues.

Voilà donc tout, messieurs : des journaux étrangers dans lesquels on peut
trouver des choses blâmables, mais sans pouvoir les appliquer à M. de Flers,
par conséquent des journaux absolument hors de notre débat, incapables de
servir de base à une accusation, à une condamnation ; et en dehors de ces
journaux étrangers, une lettre écrite par le secrétaire de M. de Flers,

lettre dans laquelle se trouve l'exposé le plus impartial et le moins offensif de la politique française, sur le point seul dont on parle, je veux dire sur notre expédition en Cochinchine ; une lettre de M. de Flers, dans laquelle il répète des bruits répandus en Europe, et qui avaient été l'objet de discussions publiques au parlement d'Angleterre. Puis des notes émanées de lui saisies chez M. Landwehr, notes dans lesquelles on ne trouve pas un mot qui démontre cette ardeur hostile que M. de Flers aurait gardée pendant dix ans contre le gouvernement français. Dans toutes ces correspondances, au contraire, on trouve le caractère de la plus complète impartialité, à ce point que par deux fois, j'ai pu vous lire des éloges adressés au gouvernement français, et presque jamais des critiques, ou s'il y a des critiques, elles se renferment dans des bornes parfaitement légitimes, suivant les défenseurs mêmes de la loi du 27 février 1858. Voilà les éléments que vous avez. Je demande que votre délibération porte sur les éléments sincères et réguliers de notre débat. Je dis réguliers, quoiqu'ils ne soient pas complets, ils seraient plus concluants s'ils étaient plus complets, mais nous les produisons tels qu'il nous a été possible de les produire, et je supplie la Cour de n'attribuer à M. de Flers que ce qu'il a écrit, et non ce que d'autres ont écrit.

Et maintenant, à quoi se réduit pour vous ce débat ? Je ne parle plus de l'interprétation à donner au mot *intelligences* ; je ne m'arrête même plus à discuter le point de savoir si une simple correspondance constitue ce concert, ce concours de volontés dont parle la Cour de cassation ; je parle du but. Quel a été le but de M. de Flers, de cet homme modéré, honorable, que, dans le cours de sa vie, l'esprit de parti n'a jamais emporté, qui a eu des affections, des sympathies profondes, qui les a encore, mais qui n'a pas de haine et qui n'a pu la provoquer ? A quels motifs attribuer ses correspondances ? Il peut y en avoir deux, messieurs. Ou bien M. de Flers a été un de ces hommes répandus, recueillant des nouvelles, charmé de les apprendre, charmé aussi de les transmettre ; ce n'est pas une espèce d'hommes nouvelle parmi nous. Il y en a eu de tout temps, surtout aux époques où les propos dits à l'oreille sont les seuls moyens de savoir la vérité. Il y en avait sous Louis XIV, La Bruyère et Montesquieu en ont parlé. Plus tard, *Barbier*, dans son *Journal du parlement*, en parlait aussi en ajoutant avec grande raison.

> « La véritable cause de toutes les fausses nouvelles qui se débitent provient de ce qu'il n'en transpire aucune. Le vivacité de la nation semble exiger qu'au lieu de la vérité, le ministère lui en présente au moins l'ombre.... »

Voilà ce qu'on disait au dernier siècle, sous le règne de Louis XV, et c'est un avocat au parlement qui disait cela. La même chose se produit de nos jours. On ne sait rien de la vérité ; on la cherche et des nouvelles transpirent ; chacun est d'autant plus avide de les recueillir qu'il n'a pas la vérité même, et à notre époque, comme en d'autres temps, il se trouve des hommes qui aiment à recueillir ces nouvelles et à se donner l'honneur de les communiquer.

Voilà un premier motif qui peut expliquer comment M. de Flers, depuis dix ans, a été un correspondant des journaux étrangers, leur envoyant des bruits qui n'étaient pas toujours vrais, puisque dans une des lettres citées on lui reproche d'avoir par quatre fois annoncé que l'Empereur ne reconnaîtrait pas le gouvernement d'Italie, mais qui étaient toujours recueillis et répétés de bonne foi.

Il y a un autre motif que vous pouvez supposer; vous pouvez dire que M. de Flers s'inquiétait peu de ce qui se passe dans le monde; qu'il n'a obéi qu'à une haine systématique et profonde; qu'il a cherché par tous les moyens à troubler l'Europe et à propager la haine et le mépris du gouvernement impérial. Vous pouvez faire ces deux suppositions. Je ne sais vraiment ce qu'on gagne entre ces deux motifs également possibles, à supposer que le fonctionnaire public, membre d'une Cour souveraine, a été infidèle à son serment; que l'homme aux mœurs polies et modérées a été violent et passionné; enfin, que l'homme d'esprit et de goût s'est cru obligé de répandre les critiques les plus amères sur le gouvernement de son pays.

J'ai dit que vous pourriez choisir entre ces deux interprétations; que vous pourriez prendre l'une ou l'autre, quoique cependant je ne veuille pas les assimiler: l'une laissera M. de Flers soumis peut-être à la décision disciplinaire de la Cour à laquelle il appartient, tandis que l'autre conduirait la Cour à prononcer une condamnation terrible et à faire descendre un fonctionnaire de la Cour des comptes jusqu'à l'application de l'art. 2 de la loi du 27 février 1858 et de ses conséquences.

ARRÊT.

La Cour, après une heure trois quarts de délibération, a rendu l'arrêt suivant:

« La Cour,

» Considérant en droit que l'article 2 de la loi du 27 février 1858, en punissant les manœuvres et intelligences à l'étranger, dans le but de troubler la paix publique, ou d'exciter à la haine ou au mépris du gouvernement, a eu nécessairement en vue les correspondances et intelligences qui alimentent la presse étrangère de calomnies contre le gouvernement de l'Empereur; qu'il serait même assez difficile de trouver un autre moyen de propager hors de France la haine ou le mépris du gouvernement;

» Que par la nature de la peine, par la similitude des expressions employées, il est évident que la loi de 1858 a voulu réprimer l'habitude de venir en aide aux attaques injurieuses de la presse étrangère, comme la législation ordinaire punit celles de la presse intérieure;

» Considérant, en fait, que le marquis de Flers a, pendant plusieurs années, servi la correspondance de journaux dont l'animosité contre la France est notoire;

» Que les documents antérieurs au 22 juillet 1858, s'ils ne peuvent donner lieu à des poursuites, constituent un élément d'appréciation morale de l'esprit politique et de la direction générale des correspondances du prévenu, qu'ils doivent être, à ce titre, maintenus dans la cause ;

» Considérant que les faits non prescrits et relatifs aux journaux de Dresde et de Genève attestent une intention formelle et suivie de propager la haine et le mépris du gouvernement impérial ; que la seule connaissance de l'hostilité systématique des journaux dont il s'agit révélait au marquis de Flers qu'il concourait à une œuvre d'inimitié et de dénigrement entreprise contre le gouvernement de son pays ;

» Que les articles qui font partie de la correspondance qu'il leur a adressée, et notamment les lettres saisies au début de la poursuite, démontrent que le prévenu s'est complétement associé à l'entreprise de ces journaux ;

» Considérant qu'il a entretenu ainsi avec eux des intelligences pour appeler sur le gouvernement de l'Empereur la haine et le mépris ;

» Considérant que la position officielle du marquis de Flers aggrave ses torts, car elle lui assurait à la fois plus de confiance à l'intérieur et à l'extérieur plus d'autorité ;

» Considérant que s'il a partagé, pendant les derniers temps, le travail de sa correspondance avec son fils, il a continué d'y coopérer jusqu'au moment de la poursuite ;

» Considérant, quant à Landwehr, que le concours matériel de son travail à l'œuvre du marquis de Flers ne démontre pas qu'il y ait eu de sa part l'intention délictueuse qui peut seule motiver une condamnation ;

» Vu l'article 2 de la loi du 27 février 1858 ;

» Et faisant l'application dudit article;

» Condamne le marquis de Flers à deux mois d'emprisonnement, 2000 fr. d'amende et aux trois quarts des frais envers l'État ;

» Renvoie Landwehr de la plainte, sans dépens ;

» Dit que les pièces étrangères aux correspondances avec les journaux, et qui ont été saisies, seront, par les soins de M. le procureur général, restituées à de Flers ;

» Rejette le surplus des conclusions quant à ce ; fixe la durée de la contrainte par corps à un an. »

Paris. — Imprimerie de L. MARTINET, rue Mignon, 2.